새 연세한국어 듣기와 읽기 6-1

연세대학교 한국어학당 편

연세대학교 출판문화원

머리말

연세대학교 한국어학당은 1959년에 설립된 한국 최초의 외국어로서의 한국어 교육 기관이다. 연세대학교 한국어학당은 그간의 역사와 명성에 걸맞게 다양한 한국어 교재 편찬 및 관련 연구를 해옴으로써 한국어 교육을 선도해 왔다. 지금까지 전 세계에서 온 약 150여 개국의 17만여 명에 이르는 한국어 학습자에게 한국어와 한국 문화를 가르쳐 왔으며, 최근에는 빠른 속도로 변화해 가는 교육 환경에 맞추어 오프라인 한국어 교육뿐만 아니라 온라인 한국어 교육 콘텐츠 개발에도 노력을 기울이고 있다. 이미 세계 각국의 한국어 학습자를 대상으로 글로벌 온라인 대중 공개 강좌(MOOC)를 개설하여 학습자들로부터 큰 호응을 얻었고 연세대학교 온라인 교육 혁신 플랫폼인 런어스(LearnUs)에도 최신 기술을 활용한 한국어 콘텐츠를 올려서 학습자들을 만나는 중이다.

연세대학교 한국어학당은 그간 일반 목적 한국어 학습자들뿐만 아니라 특수 목적 한국어 학습자들을 대상으로 정규과정, 단기과정, 대학 한국어 과정 등 다양한 교육과정을 개설 운영하면서 학습자의 요구에 부응하는 최상의 교재를 개발해 왔다. 이러한 교재들은 국내외의 한국어 교육 기관에서 교사와 학습자들의 다양한 요구를 충족시키며 양질의 한국어 교수·학습을 위해 널리 사용되고 있다.

연세대학교 한국어학당은 그간 가장 큰 호응을 받아 왔던 '연세한국어' 1급~6급의 뒤를 이을 새로운 교재로 '새 연세한국어' 시리즈를 기획 출간하게 되었다. 이 교재의 개발을 위해 한국어 교육 현장 경험이 풍부한 전문 한국어 교육학자 및 교사들이 대거 투입되었고 최상의 한국어 교수법 및 학습자 집단의 요구에 대한 이해를 바탕으로 개발 작업이 장기간에 걸쳐 수행되었다.

이번에 출간된 '새 연세한국어' 시리즈는 총 6단계로 각 단계마다 어휘와 문법 교재, 말하기와 쓰기 교재, 듣기와 읽기 교재로 구성되어 있다. '새 연세한국어 어휘와 문법'은 한국어 학습자들이 각 숙달도별로 가장 필수적으로 익혀야 하는 주요 어휘와 문법에 대한 이해와 활용을 중심으로 구성되었다. '새 연세한국어 말하기와 쓰기'는 원활한 한국어 의사소통을 위해 꼭 필요한 표현 기능을 수행할 수 있도록 말하기, 쓰기 과제를 중심으로 구성되었다. 또한 '새 연세한국어 듣기와 읽기'는 듣기, 읽기 과제를 중심으로 각 급별 숙달도에 적절한 이해 능력을 함양시킬 수 있도록 구성되었다. 이 세 권의 교재는 어휘·문법, 표현, 이해 능력의 고른 발달을 위해 패키지로 함께 사용될 수도 있고, 교육 현장 여건이나 학습자의 요구에 따라 별도로 사용될 수도 있다. 또한 어휘와 문법 교재의 경우 별도의 지침서가 무료로 제공되므로 교육 경험이 다소 부족한 국내외의 한국어 교사들에게 유용한 길잡이가 될 수 있을 것이다.

연세대학교 한국어학당은 앞으로도 전 세계의 한국어 학습자들의 요구와 기대에 부응하는 교재 개발을 위해 최선을 다할 것이다. 아울러 본 교재가 국내외에서 한국어 교육을 위해 노력을 아끼지 않는 많은 교사와 한국어 학습을 위해 노력하는 모든 학습자들에게 크게 도움이 되기를 바란다.

연세대학교 언어연구교육원

한국어학당 교재편찬위원회

일러두기

01 이 책은 <새 연세한국어 어휘와 문법 6-1>, <새 연세한국어 말하기와 쓰기 6-1>과 함께 한국어 고급 학습자들이 사용하도록 구성된 교재이다.

02 이 책은 한국어 고급 학습자들이 한국어로 된 글을 읽거나 이야기를 듣고 이해할 수 있는 능력을 키울 수 있도록 구성된 이해 능력 개발 교재이다.

03 이 책은 총 20과이며 각 과는 2개의 소단원으로 구성되어 있다. 그리고 2개 과마다 앞에서 학습한 내용을 복습할 수 있는 복습 10개와 한국 문화에 대한 소개 글 10편을 실었다. 각 소단원은 50분 수업 분량으로 이 책은 총 50회의 수업을 진행하도록 구성되어 있다.

04 이 책의 각 소단원은 '제목, 학습 목표'와 '준비해 봅시다, 들어 봅시다(읽어 봅시다), 정리해 봅시다'의 3단계로 구성되어 있다. 각 소단원은 읽기 또는 듣기 기능을 수행하도록 구성되어 있으며 전체적으로 읽기 능력과 듣기 능력을 균형 있게 향상시키도록 구성되어 있다.

05 각 과와 소단원의 제목은 <새 연세한국어 어휘와 문법 6-1>과 동일하다.

06 '학습 목표'는 '-에 대한 글을 읽고 이해할 수 있다' 또는 '-에 대한 이야기를 듣고 이해할 수 있다'와 같이 이해 기능이 드러나도록 기술되어 있다.

07 '준비해 봅시다'는 각 소단원의 들어가기에 해당되며 해당 단원의 읽기나 듣기 내용의 이해를 돕기 위한 준비 단계이다. 소단원의 주제에 대한 배경지식을 환기시키는 시각 자료와 질문으로 구성되어 있다.

08 '들어 봅시다'는 짧은 이야기 듣기에서 시작해서 긴 이야기 듣기로 내용을 순차적으로 확대하여 제시하였다. 강의, 강연, 뉴스, 방송, 토론, 발표 등 한국어 고급 학습자에게 유용한 장르로 구성되어 있으며 공식적이고 사회적인 맥락을 고려한 듣기 내용으로 제시되어 있다.

09 '읽어 봅시다'는 한국어 고급 학습자에게 필요한 읽기 자료를 다양하게 제시하였다. 기사, 설명문, 수필, 시나리오 등 공식적이고 사회적인 맥락에서 접할 수 있는 내용의 실용문을 통해서 읽기 능력을 향상시키는 데 초점을 두고 있다.

10 '정리해 봅시다'는 마무리 단계로서 각 소단원에서 학습한 내용을 학습자 스스로 확인하고 점검하며 다른 언어 능력과의 통합 교육을 통해서 한국어 능력을 강화하도록 구성되어 있다.

11 '복습'은 정리하고 마무리하는 단계로서 선행 학습한 2개 과의 주제와 관련된 읽기나 듣기 활동으로 구성되어 있으며 해당 내용을 파악하는 질문을 제시하였다.

12 '문화'에는 선행 학습한 2개 과의 주제와 관련된 한국 문화를 소개함으로써 한국에 대한 이해를 돕도록 구성되었으며 학습자들이 자신의 의견을 소개할 수 있도록 관련된 질문을 제시하였다.

13 부록에는 듣기 지문과 모범 답안, 어휘 색인, 참고 자료 목록을 제시하였다.

단원구성

<table>
<tr><th>과</th><th>제목</th><th>학습 목표</th><th>문화</th></tr>
<tr><td rowspan="2">1과
한국인의 말과 글</td><td><1>
한국어의 특징</td><td>이인칭 대명사의 쓰임에 대한 글을 읽고 이해할 수 있다.</td><td rowspan="4">한국 사람의 이름 짓는 법</td></tr>
<tr><td><2>
말과 글</td><td>글쓰기의 의미에 대한 이야기를 듣고 이해할 수 있다.</td></tr>
<tr><td rowspan="2">2과
언론과 표현의 자유</td><td><1>
언론의 영향력</td><td>언론의 기능과 시민의 태도에 대한 글을 읽고 이해할 수 있다.</td></tr>
<tr><td><2>
대중 매체와 표현의 자유</td><td>표현의 자유에 대한 이야기를 듣고 이해할 수 있다.</td></tr>
<tr><td rowspan="2">3과
개인과 사회</td><td><1>
법과 질서</td><td>인공 지능 판사에 대한 글을 읽고 이해할 수 있다.</td><td rowspan="4">서울시청 시민청</td></tr>
<tr><td><2>
시민의 역할</td><td>마을 공동체에 대한 이야기를 듣고 이해할 수 있다.</td></tr>
<tr><td rowspan="2">4과
사회 제도와 정책</td><td><1>
한국의 군 복무 제도</td><td>한국의 군 복무 제도에 대한 이야기를 듣고 이해할 수 있다.</td></tr>
<tr><td><2>
복지와 개인의 삶</td><td>사회 복지에 대한 글을 읽고 이해할 수 있다.</td></tr>
<tr><td rowspan="2">5과
성공과 진로</td><td><1>
성공의 의미</td><td>성공과 완벽주의에 대한 이야기를 듣고 이해할 수 있다.</td><td rowspan="2">청춘들의 간절한 꿈이 모여 있는 곳, 노량진 학원가</td></tr>
<tr><td><2>
진로와 꿈</td><td>직업 전망에 대한 글을 읽고 이해할 수 있다.</td></tr>
</table>

과	제목	학습 목표	문화
6과 기업과 사회	<1> 기업 활동	마케팅 전략의 변화에 대한 글을 읽고 이해할 수 있다.	청춘들의 간절한 꿈이 모여 있는 곳, 노량진 학원가
	<2> 기업의 사회 공헌	기업의 사회 공헌에 대한 이야기를 듣고 이해할 수 있다.	
7과 경제와 사회	<1> 투자와 창업	창업에 대한 이야기를 듣고 이해할 수 있다.	전통 시장의 새로운 바람, 청년몰
	<2> 국내외 경제 전망	내년 경제 전망에 대한 글을 읽고 이해할 수 있다.	
8과 정치와 사회	<1> 선거와 투표	선거의 역사에 대한 글을 읽고 이해할 수 있다.	
	<2> 한국의 정치 제도	삼권 분립과 대통령제에 대한 이야기를 듣고 이해할 수 있다.	
9과 교육과 사회	<1> 대학 교육	대학 교육에 대한 글을 읽고 이해할 수 있다.	한국의 대학 입시 제도
	<2> 평생 교육의 시대	평생 교육에 대한 이야기를 듣고 이해할 수 있다.	
10과 역사와 유래	<1> 지명과 유래	지명의 유래에 대한 글을 읽고 이해할 수 있다.	
	<2> 유교의 나라 조선	조선의 유교 문화에 대한 이야기를 듣고 이해할 수 있다.	

차례

등장인물 | Main characters

에릭 파커
- 미국
- 한국어학당 학생
- 한국전자 직원

존 카마우
- 케냐
- 한국어학당 학생
- 교환 학생

사토 유키
- 일본
- 한국어학당 학생
- 기자

리타오
- 중국
- 한국어학당 학생
- 대학 입학 예정자

노라 한슨
- 노르웨이
- 한국어학당 학생
- 대학원 입학 예정자

최주앙
- 브라질
- 한국어학당 학생
- 대학 휴학생

응웬 흐엉
- 베트남
- 한국어학당 학생

레오 마르탱
- 프랑스
- 한국어학당 학생
- 요리사

올리비아 스미스
- 호주
- 한국어학당 학생
- 외교관

이윤아
- 한국
- 대학생

정하늘
- 한국
- 대학생

김우진
- 한국
- 한국전자 직원

새 연세한국어

듣기와 읽기 6-1

01 1과 한국인의 말과 글

1. 한국어의 특징

MP3 / 01

• 학습 목표: 이인칭 대명사의 쓰임에 대한 글을 읽고 이해할 수 있다.

Ⅰ. 준비해 봅시다

1 한국에서 윗사람과 대화할 때 상대방을 어떻게 부릅니까?

2 여러분은 모국어로 대화할 때 이인칭 대명사를 사용합니까?

이인칭 대명사

II. 읽어 봅시다

다음 글을 읽고 질문에 답하십시오.

• '당신'은 '너'의 높임말이 아닌가요?

점심을 먹고 학교로 들어가다가 공대 교수님 한 분을 만났다. 그 교수님은 며칠 전 외국인 학생이 한국어와 관련된 질문을 했는데 답을 하지 못해서 국문과 교수님께 물어보고 답을 주겠다고 약속했다고 하셨단다. 학생의 질문은 다음과 같았다.

"당신은 '너'를 높이는 말 맞죠? 그런데 왜 교수님께 '당신'이라는 말을 쓰면 안 되는 건가요?"

이 질문을 듣고 그 교수님은 당황했다고 한다. '당신'이라는 말이 분명 '너'보다는 상대를 높이는 말임에 틀림없는데 만약 학생이 자신에게 '당신'이라고 한다면 왠지 부적절하다는 생각이 들 것 같았다고 했다. 하지만 그 학생에게 왜 자신을 '당신'이라고 부르는 것이 부적절한지에 대해서는 설명할 수가 없었다는 것이다. 학생에게 설명해 줄 수 있도록 자신에게 그 이유를 설명해 달라고 했다.

• 싸움을 부르는 '당신'

외국인 학생의 말처럼 '당신'이 '너'의 높임말로 사용되는 것은 사실이다. 『표준국어대사전』에서 '당신'을 찾아보면 2번 풀이에 '부부 사이에서, 상대편을 높여 이르는 이인칭 대명사'라고 되어 있고, 3번 풀이에 '문어체에서, 상대편을 높여 이르는 이인칭 대명사'라고 되어 있으니 말이다. 하지만 그렇다고 나와 이야기하는 사람을 '당신'이라고 불렀다가는 싸움이 생길지도 모른다.

예를 들어 보자. 한 운전자가 위험하게 끼어들기를 했다. 차선을 지키며 운전을 하던 사람은 사고가 날 뻔한 상황에 화가 나서 창문을 내리고 소리친다.

"당신, 그렇게 위험하게 운전을 하면 어떡해!"

이 말을 들은 상대편 운전자도 창문을 내린다.

"뭐라고? 언제 봤다고 당신이야? 그리고 왜 반말이야! 나이도 어린 것이! 너 몇 살이야?"

이쯤 가면 끼어들기 문제는 어느덧 논점에서 사라진다. 말 문제로 논점이 이동되었다.

이렇게 '당신'은 '너'를 높이는 말인 듯하지만 말하면서 대화 상대를 '당신'이라고 했다가는 말의 내용과는 무관하게 말싸움이 되기 십상이다. 내 앞에서 내 이야기를 듣는 사람을 면전에서 '당신'이라고 부르는 것은 높임이 아니라 낮춤이다. 『표준국어대사전』의 4번 풀이에는 바로 이 당신의 의미가 나와 있다. '맞서 싸울 때 상대편을 낮잡아 이르는 이인칭 대명사'라고 말이다.

문어체　끼어들기　논점　낮잡다

- **존중의 '당신'**

'당신'이라고 한다고 무조건 기분이 나빠지는 것은 아니다. '당신'이라고 해도 문제가 되지 않는 장면도 있다.

가. 당신은 사랑받기 위해 태어난 사람, 당신의 삶 속에서 그 사랑을 받고 있지요.
('당신은 사랑받기 위해 태어난 사람' 노래의 첫 부분)

나. 당신의 관심이 가정 폭력을 예방할 수 있습니다.(여성가족부 광고)

다. 알고 있나요? 우리는 언제나 당신 곁에….(한국 산업 인력 공단 광고)

사람들은 위의 가~다에 쓰인 '당신' 때문에 불쾌감을 느끼지는 않는다. 여기에 사용된 '당신'은 존댓말과 어울리고 있다. 왜 어떤 '당신'은 듣는 사람을 불쾌하게 해서 싸움을 부르고 어떤 '당신'은 듣는 사람을 존중해 주는 것처럼 들리는 것일까?

- **안 되는 '당신'과 되는 '당신'의 차이**

두 당신을 잘 살펴보면 차이가 있다. 안 되는 '당신', 듣는 사람을 불쾌하게 만들고 싸움을 부르는 당신은 특정한 사람, 즉 특정 대화 상대자를 가리킨다. 반면에 되는 '당신', 즉 듣는 사람을 존중해 주는 당신은 듣는 '나'를 특정하여 가리키지 않는다. 그냥 그 노래를 듣는 모든 사람, 그 광고를 읽는 모든 사람이다. 불특정 다수가 '당신'으로 칭해지고 있다.

한국어에서 '너'나 '당신'과 같은 이인칭 대명사는 사용이 매우 제한적이다. '너'는 친한 친구나 동생, 자녀에게 쓸 수 있고 '당신'은 부부 사이에서 쓸 수 있는 정도이다. '너'나 '당신'과 같은 이인칭 대명사는 공손한 장면에서 절대로 사용할 수가 없다. 이것은 한국어가 지니는 특징이다.

(출처: 신지영, 『언어의 높이뛰기』(일부 재구성))

특정하다　불특정

1 '당신'의 사전적 의미입니다. 빈칸을 채우십시오.

당신2 (當身) 발음 [당신] 「대명사」

1) 듣는 이를 가리키는 이인칭 대명사

2) ______________________________

3) ______________________________

4) ______________________________

5) 삼인칭 '자기'를 아주 높여 이르는 말

2 글의 내용과 같은 것을 고르십시오. (　　)

① 한국어는 이인칭 대명사가 없는 언어이다.
② 한국에서 운전자끼리 부를 때 '당신'이라고 한다.
③ 한국어에는 부부가 서로 쓸 수 있는 이인칭 대명사가 없다.
④ 낯선 사람과 대화할 때 사용되는 '당신'은 존중의 의미가 없다.

3 '당신'에 대해서 바르게 이해한 사람이 한 말을 고르십시오. (　　)

① "한국어에서 쓰임이 비교적 자유롭구나."
② "노랫말에 쓰이면 특정인을 가리키는군."
③ "우리 교수님께 사용해도 무방한 말이네."
④ "상대방을 불쾌하게 할 수도 있는 말이었구나."

4 다음은 공대 교수가 외국인 학생에게 해 줄 답변의 내용입니다. 맞는 것을 고르십시오.

'당신'은 '너'의 1) (높임말, 낮춤말)이/가 맞다. 그러나 한국어는 이인칭 대명사의 사용이 제한되는 언어이다. 2) (공손성, 친밀감)이/가 필요한 장면에서는 '너'이든 '당신'이든 이인칭 대명사로 대화 상대자를 부르면 안 된다. 그래서 학생이 교수를 '당신'이라고 부르는 것은 적절하지 않다. 단 광고나 노랫말에 들어간 '당신'은 3) (특정인, 불특정 다수)을/를 가리키므로 4) (존중, 무시)의 의미를 갖는다.

Ⅱ. 정리해 봅시다　언어별 인칭 대명사의 특징에 대해서 말해 봅시다.

01과 한국인의 말과 글

2. 말과 글

MP3 / 02

• 학습 목표: 글쓰기의 의미에 대한 이야기를 듣고 이해할 수 있다.

Ⅰ. 준비해 봅시다

1 글 쓰는 방법을 알려 주는 책을 읽은 적이 있습니까? 그 책에서 어떤 방법을 알려 주었습니까?

2 글을 쓰는 행위가 자신에게 어떤 영향을 끼친다고 생각합니까?

연 세 일 보

놀라워라, 글쓰기의 힘

글쓰기가 정신 건강에 좋다는 것은 수많은 연구를 통해 증명되어 왔다. 학계에서는 정신 건강 개선을 위해 효과적인 글쓰기 방법을 다음과 같이 소개하였다.

표현적 글쓰기 - 감정적으로 어려움을 겪고 있을 때 활용하면 효과적이다.

성찰적 글쓰기 - 업무 성과를 높여 직업적 만족도를 높일 뿐만 아니라 대인 관계까지 좋아지게 한다.

창의적 글쓰기 - 표현하기 복잡하거나 어렵다고 느끼는 감정을 비교적 쉽게 드러내어 자각할 수 있게 돕는다.

Ⅱ. 들어 봅시다

[1] 듣고 질문에 답하십시오.

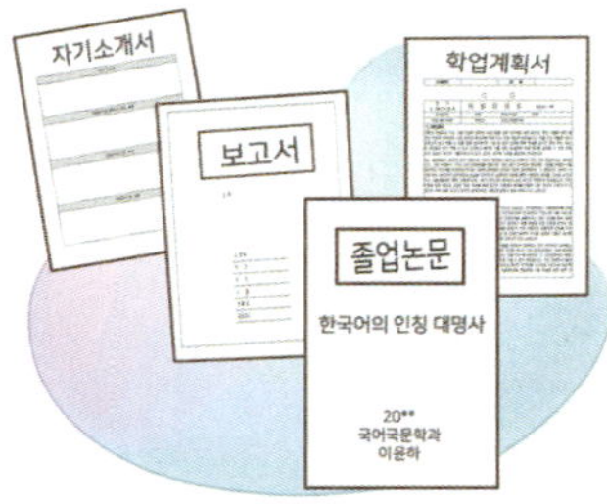

1 이 사람의 중심 생각을 고르십시오. (　　)

① 글을 쓸 때 두려워하는 사람들이 많다.
② 글을 잘 쓸 수 있는 특별한 방법은 없다.
③ 에스엔에스에 올린 짧은 메시지는 글이라고 할 수 없다.
④ 글을 잘 쓰려면 좋은 책을 찾아서 읽는 습관이 중요하다.

[2~3] 듣고 질문에 답하십시오.

2 무엇에 대해서 이이야기하고 있습니까? (　　)

① 창의성의 실체　　② 창의성의 중요성
③ 창의적인 글쓰기　　④ 글쓰기의 개요 작성법

3 학자들은 '창의성'의 속성이 무엇이라고 말합니까? 두 가지를 쓰십시오.

1) ______________________________

2) ______________________________

헛소리　명백하다　지침　속성　구체성　숙련　발현되다　번뜩이다
단편적　파편적　맴돌다　세밀하다

[4~6] 다시 듣고 질문에 답하십시오.

4 들은 내용과 같은 것을 고르십시오. (　　)

① 창의적인 것은 완전히 새로운 것을 말한다.
② 글쓰기가 창의성을 갖추는 데 도움이 된다.
③ 노력한다고 해서 창의성이 생기는 것은 아니다.
④ 창의성은 새로운 일을 시작하는 사람에게서 나온다.

5 다음 중에서 '글쓰기' 과정과 관계있는 것을 고르십시오. (　　)

① 논리적　② 단편적　③ 유동적　④ 파편적

6 교수의 생각과 같은 것을 고르십시오. (　　)

① 똑똑한 사람이 창의적인 인재가 될 수 있다.
② 글을 쓸 때 개요는 너무 세밀하지 않은 것이 좋다.
③ 창의성은 경험하지 않은 새로운 것을 찾아내는 힘이다.
④ 생각을 잘 통제하는 사람은 기록하지 않아도 비판적으로 사고할 수 있다.

Ⅲ. 정리해 봅시다

여러분은 글쓰기가 왜 중요하다고 생각합니까? 글쓰기의 중요성에 대해서 이야기해 봅시다.

02과

언론과 표현의 자유

1. 언론의 영향력

MP3 / 03

• 학습 목표: 언론의 기능과 시민의 태도에 대한 글을 읽고 이해할 수 있다.

Ⅰ. 준비해 봅시다

1 언론의 기능에 대해서 말해 봅시다.

- 사회 현안에 대한 정확한 정보 제공
- 사회 현안에 대한 다양한 의견 제시
- 사회 현안에 대한 해결책 제시
- 중요 사회 문제를 의제로 제시
- 정부와 공인에 대한 비판 및 감시
- 기업 활동에 대한 비판 및 감시
- 사회적 약자 대변

2 여러분은 언론을 신뢰합니까? 신뢰하지 못한다면 그 이유는 무엇입니까?

국민이 생각하는 언론의 가장 큰 문제점은?

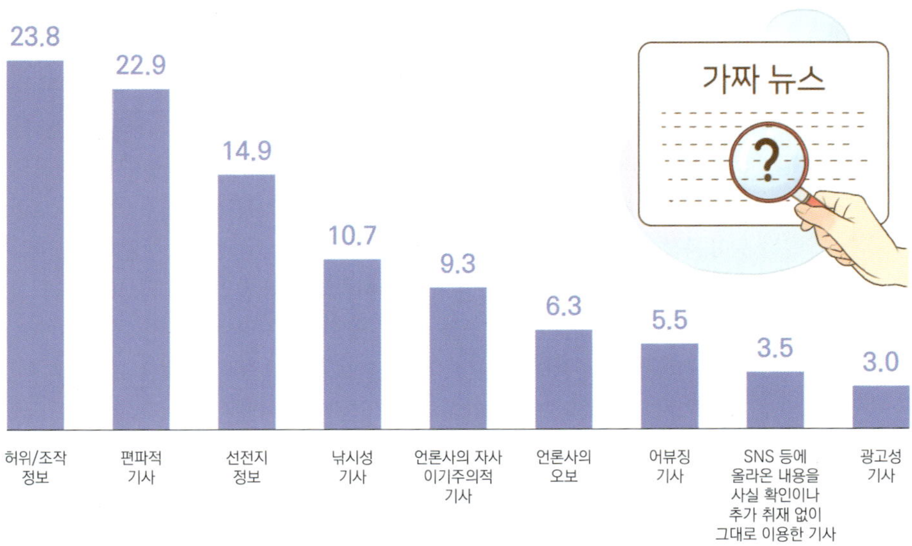

다음 글을 읽고 질문에 답하십시오.

우리 시대의 '선전 선동'을 찾아서

미국의 언어학자이자 철학자인 노암 촘스키(Noam Chomsky)와 정치 경제학자인 에드워드 허먼(Edward S. Herman)은 언론이 여론을 조작하고 사상을 주입시키는 '선전 선동'의 기능을 수행한다고 주장한다. 그들은 공저인 『여론 조작』에서 정부, 기업과 같은 강력한 이익 집단이 자신이 하고 싶은 말을 대중에게 전달하기 위해 뉴스의 보도 내용을 거르는 방법과 경로를 추적한 바 있다. 그리고 권력가와 자본가가 자신들의 입맛에 맞게 뉴스 내용을 여과할 때 이용하는 장치들이 '선전 선동 모델'의 기본 요소가 된다고 설명한다.

선전 선동 모델의 첫 번째 여과 장치는 언론의 구조 자체이다. 언론의 소유권은 소수의 거대 기업에 집중되어 있으므로 모기업은 언론사에 수직적인 권력을 행사할 수 있다. 두 번째 여과 장치는 광고이다. 언론의 주된 수입원인 광고는 신문과 방송의 사업 허가서나 다름없기 때문에 언론사는 광고주의 비위를 맞춰야 할 암묵적인 책임을 진다. 세 번째 여과 장치는 뉴스의 정보원으로, 이들은 정부와 기업으로부터 자금과 인정을 받는 전문가 집단이며 언론은 이들 전문가 집단이 제공하는 정보에 의존하게 된다. 네 번째는 외부 압력이다. 미디어가 지배 계급에 불리한 뉴스를 내보내면 지배 계급은 조직적인 항의 전화나 편지, 소송 등으로 언론사에 압력을 가한다.

신문이 선전 선동의 기능을 한다는 촘스키와 허먼의 주장은 한국 언론의 현실에도 적용된다. 한 신문사의 설문 조사 결과에 따르면 응답자의 61.6%가 언론을 별로 신뢰하지 않는다고 답해 과반수를 넘는 응답자가 한국 언론에 회의적인 것으로 나타났다. 이렇듯 언론이 위기를 맞이했다고 해도 과언이 아닌 현실에 대해 한국 언론 진흥 재단의 박진우 연구 위원은 '한국 언론의 역사에서 정부 권력과 기업, 주요 언론사들이 자신의 이익을 지키기 위해 사실을 왜곡하거나 편파 보도를 하는 사례가 드물지 않았으며 정치적 억압이나 자본의 억압에 대한 언론인의 침묵 또한 오랜 논란거리'라고 지적했다.

지금까지 '뉴스 생산자'의 측면에서 언론의 문제를 살펴보았는데 '뉴스 소비자'의 측면에서는 어떠한 문제가 있는가? 현대의 뉴스 소비자들은 대체로 복잡하고 어려운 기사에 무관심하다. 이런 상황은 언론이 손쉽게 여론 형성 과정에 개입해 조작할 수 있는 토대를 제공한다. 언론은 정치와 자본 권력으로부터 독립해서 진실을 찾아 보도할 본질적인 책임을 가지고 있다. 언론이 선전 선동 기능을 이용해 여론을 관리한다면 이는 언론의 본질에 어긋나는 것이다. 따라서 소비자는 본질을 지키는 언론을 알아볼 수 있도록 깨어 있는 시민이 되어야 한다. 다행히 요즘은 소셜 미디어(social media), 1인 방송 등이 등장해 과거에 비해 진실을 파악하고 통찰할 수 있는 방법이 다양해졌다. 박 위원은 '언론 기사에 내재된 논리를 파악해 내는 능력은 한 사람의 독자, 시민, 사회인으로서 반드시 갖춰야 한다.'며 '지겹더라도 뉴스를 많이 보고 들을 필요가 있으며 그 속에서 스스로 신뢰할 만한 뉴스와 수상한 뉴스를 가려내는 비판적 독해력과 문해력, 판단력을 길러야 한다.'고 말한다. 언론의 선전 선동 속에서 진실을 투명하게 꿰뚫어 보는 시각에 대한 고민은 우리 시민 사회의 중요한 숙제가 되었다.

연세춘추 임미지 기자

공저　거르다　추적　여과하다　수직적　비위를 맞추다　암묵적　회의적
억압　토대　통찰　내재되다　수상하다　문해력　꿰뚫다

1 각 단락의 중심 내용입니다. 빈칸을 채우십시오.

단락	중심 내용
첫 번째	1) ________________ 책 소개
두 번째	2) ________________의 네 가지 장치
세 번째	3) ________________의 현실
네 번째	4) ________________의 자세

2 선전 선동 모델의 여과 장치와 그에 알맞은 예를 연결하십시오.

1) 언론의 구조 ●

2) 광고 ●

3) 뉴스의 정보원 ●

4) 외부 압력 ●

● 한 기업이 자신들에 대해 비판적인 기사를 게재한 신문에 광고를 싣지 않기로 했다.

● 정부 기관 직원에게서 들은 정부 정책 정보를 뉴스 기사로 내보냈다.

● 한 기업은 방송사가 자신들의 잘못에 대해 과장된 뉴스를 보도한 것에 대해 고소했다.

● 거대 기업이 소유한 언론사가 기사를 선별하면 지방 언론은 그대로 싣는다.

3 글의 내용과 같은 것을 고르십시오. (   )

① 『여론 조작』에서 주장한 내용이 한국의 언론에도 적용된다.

② 진정한 언론은 선전 선동 기능을 이용해 여론을 관리해야 한다.

③ 소셜 미디어와 1인 방송으로 인해 언론의 선전 선동 현상이 줄었다.

④ '선전 선동 모델'은 권력을 이용한 언론의 여론 통제 과정을 보여 준다.

4 '깨어있는 시민'의 특징을 모두 고르십시오. (,   )

① 뉴스를 접할 때 비판적 이해와 판단을 하려고 노력한다.

② 선전 선동 기능을 하는 언론에 무관심한 태도를 가진다.

③ 소셜 미디어와 1인 방송을 통해 스스로 여론을 형성한다.

④ 언론의 본질을 지키며 책임을 다하는 방송사를 알아본다.

II. 정리해 봅시다 언론이 제 기능을 다하지 못해서 문제를 일으킨 사례를 알고 있습니까? 이야기해 봅시다.

02과 언론과 표현의 자유

2. 대중 매체와 표현의 자유

MP3 / 04

• 학습 목표: 표현의 자유에 대한 이야기를 듣고 이해할 수 있다.

Ⅰ. 준비해 봅시다

1 대중 매체에서 표현의 자유가 온전히 보장되어야 한다고 생각합니까?

2 여러분 나라에서 '표현의 자유'가 사회적으로 논란이 된 사례가 있습니까?

00일보 20**년 **월 **일

잊힐 권리 vs. 표현의 자유

'잊힐 권리'와 '표현의 자유'가 맞부딪쳤다. 다음 달 개봉하는 영화 '그 사람'의 투자배급사는 영화의 소재가 된 실제 살인 사건의 피해자 유족과 상영 금지 여부를 놓고 법정 싸움을 벌이고 있다.

00일보 20**년 **월 **일

드라마 '궁전'이 불편한 이유

높은 시청률로 연일 화제가 되고 있는 '궁전'은 지나치게 적나라한 학교 폭력과 성폭력 장면을 여과 없이 방영해 약자의 고통을 한낱 흥밋거리로 만들었다는 지적을 받고 있다.

맞부딪치다 적나라하다

II. 들어 봅시다

[1] 듣고 질문에 답하십시오.

1 '인터넷 준실명제'에 대한 설명으로 맞는 것을 고르십시오. (   )

① 실제적 효과가 없다는 점에서 이 제도에 반대하는 사람이 있다.
② 표현의 자유를 침해한다는 이유로 몇 년 전에 폐지된 적이 있다.
③ 날로 심각해지고 있는 악성 댓글 문제로 인해서 도입을 추진하고 있다.
④ 인터넷에 글을 쓸 때 작성자의 실명을 공개하도록 하는 제도이다.

[2~3] 듣고 질문에 답하십시오.

2 토론의 배경을 정리한 것입니다. 빈칸을 채우십시오.

인터넷 웹툰에 사회적 1) __________이나/나 소수자에 대한 2) __________ 표현이 등장하는 사례가 발생해, 이에 대해 독자의 비판과 항의가 거세지자 예술적 3) __________과/와 혐오 표현의 4) __________ 사이에서 찬반 논란이 일고 있다.

3 토론자와 주장을 서로 연결하십시오.

1) 박영수 ●　　　● 혐오 표현을 규제해서 약자와 소수자의 권리를 지켜야 한다.
2) 김민정 ●　　　● 작가에게 표현과 창작의 자유를 보장해 주는 것이 중요하다.
3) 이준하 ●　　　● 웹툰을 게재한 플랫폼이 공동 책임을 져야 한다.

빈번하다　폐지되다　근절　거세다　위축시키다

[4~6] 다시 듣고 질문에 답하십시오.

4 표현의 자유에 대한 설명으로 맞는 것을 고르십시오. (　　)

① 창작자만 가질 수 있는 고유의 권리이다.
② 작가는 어떤 표현이든 자유롭게 할 수 있다.
③ 대중문화가 다양하게 발전하는 데 필요하다.
④ 사회적 약자와 소수자를 보호하는 수단이다.

5 여성 토론자의 주장을 가장 바르게 이해한 사람을 고르십시오. (　　)

① "힘이 있다고 다른 사람에게 폭력을 가하면 안 되지."
② "이제 웹툰 작가가 사회적 힘과 지위를 가지게 됐구나."
③ "웹툰은 혐오 표현도 허용되는 예술적인 매체인 것 같아."
④ "작가의 표현의 자유가 소수자에게 피해를 줄 수도 있구나."

6 웹툰의 혐오 표현 문제에 대해 플랫폼은 어떤 방법으로 책임을 질 수 있습니까? 빈칸을 채우십시오.

1) ________, 플랫폼, 2) ________ 등이 합의해서 3) ________ 차원에서 지킬 수 있는 4) ________을/를 만들고 플랫폼 이용자들이 지키게 한다.

Ⅲ. 정리해 봅시다

표현의 자유와 소수자 인권 중 무엇이 더 중요하다고 생각합니까?

연재　소수자　맥락　퇴출　물리적　풍자　감내하다　명분　명실상부
파급력　방치　이분법

복습

[1-3] 듣고 질문에 답하십시오.

1. 대중이 언론을 불신하게 된 이유가 아닌 것을 고르십시오. (　　)

① 진실을 왜곡하기 때문에
② 미디어 환경이 급변하기 때문에
③ 언론 스스로가 권력을 가지려고 하기 때문에
④ 관심을 끌기 위해 선정적인 내용을 담기 때문에

2. 영화 '언론인'에 대한 설명 중 맞는 것을 고르십시오. (　　)

① 주인공 윤서준은 정부의 비밀 조직에서 일한다.
② 정부는 진실을 감추기 위해서 언론을 통제했다.
③ 대부분의 언론은 정부에서 나온 정보를 믿지 않았다.
④ 영화 속의 언론인들은 모두 부정적인 인물로 등장한다.

3. 참언론인의 사명은 무엇이라고 합니까?

____

〈언론이 공정하다고 생각하는가?〉

① 전혀 그렇지 않다 (1점)	② 별로 그렇지 않다 (2점)	③ 보통 이다 (3점)	④ 약간 그렇다 (4점)	⑤ 매우 그렇다 (5점)
2.7	20.4	40.4	35.3	1.2

〈언론을 신뢰할 수 있는가?〉

① 전혀 그렇지 않다 (1점)	② 별로 그렇지 않다 (2점)	③ 보통 이다 (3점)	④ 약간 그렇다 (4점)	⑤ 매우 그렇다 (5점)
3.0	16.0	39.3	37.6	4.2

(출처: 한국 언론 진흥 재단)

정파성　올곧다　회유　뒤적거리다　동분서주하다

한국 사람의 이름 짓는 법

한국 사람의 이름은 보통 세 글자이다. 첫 글자는 '성'으로 부모에게 물려받기에 일반적으로 성을 제외한 두 글자에 부모가 아이에게 소망하는 바를 담는다. 예전에는 이름을 지을 때 한자를 많이 사용했다. 한자는 글자마다 뜻이 있어서 의미를 담기 쉽다고 생각했기 때문이다. 예컨대 '지선'이라는 이름은 '지혜롭다'라는 뜻의 '지(智)'와 '착하다'라는 뜻의 '선(善)'이 만나 아이가 지혜롭고 착하게 자라길 바라는 부모의 마음을 담고 있다.

〈선호하는 출생자 이름 현황표〉

	1	2	3	4	5	6	7	8	9	10
남	서준	도윤	하준	은우	시우	지호	이준	예준	유준	민준
여	서아	하윤	지안	서윤	하은	지우	아린	하린	지유	수아

(출처: 법원 전자 가족 관계 등록 시스템)

하지만 한글만으로도 충분히 이름에 좋은 의미를 담을 수 있는데, 이렇게 한글로 이루어진 이름을 한글 이름이라고 한다. 한글 이름을 짓는 가장 쉬운 방법은 좋은 뜻의 단어를 사용하는 것이다. 예컨대 '보람'과 '하늘' 같은 이름이 그러하다. 또한 여러 단어를 결합하여 이름을 만들 수도 있다. '슬기롭고 옹골차다'라는 의미의 '슬옹'처럼 말이다.

그렇다면 이름을 지을 때에는 무엇을 고려해야 할까? 전문가에 따르면 다음의 세 가지를 고려하는 것이 좋다고 한다. 첫째, 이름은 듣기 좋고 부르기 쉬운 것이 좋다. 둘째, 성과 이름이 어울려야 한다. 간혹 이름만 보면 좋은 이름이지만 성이 붙는 경우 그 의미가 달라지기도 한다. '기쁨'은 좋은 이름이지만 안 씨 성과 만나게 되면 '안기쁨'이 되어 '기쁘지 않다'라는 뜻이 된다. 귀한 아들이라는 뜻의 '귀남'도 방 씨 성과 만나게 되면 '방귀남'이 되어 친구들의 놀림을 피할 수 없을 것이다. 마지막으로 너무 흔한 이름은 사용하지 않는 것이 좋다.

최근에는 '유진', '이안'과 같이 한국을 벗어나 어느 곳에서나 두루 사용할 수 있는 이름도 인기를 끌고 있다. 바야흐로 이름에도 세계화의 바람이 부는 것이다. 한국어를 배우는 동안 아직 한국 이름을 지은 적이 없다면 이참에 부르기 쉽고 듣기 좋은 한국 이름을 하나 지어 보는 것도 좋겠다.

1. 한국어로 이름을 지을 때 고려해야 하는 점은 무엇입니까?

2. 여러분 나라에서는 무엇을 고려하면서 이름을 짓습니까?

슬기롭다 옹골차다 바야흐로

03과 개인과 사회

1. 법과 질서

MP3 / 06

• 학습 목표: 인공 지능 판사에 대한 글을 읽고 이해할 수 있다.

Ⅰ. 준비해 봅시다

1 법정에서 판사가 갖추어야 할 덕목에는 어떤 것들이 있습니까?

2 여러분은 법원의 판결을 어느 정도 신뢰합니까?

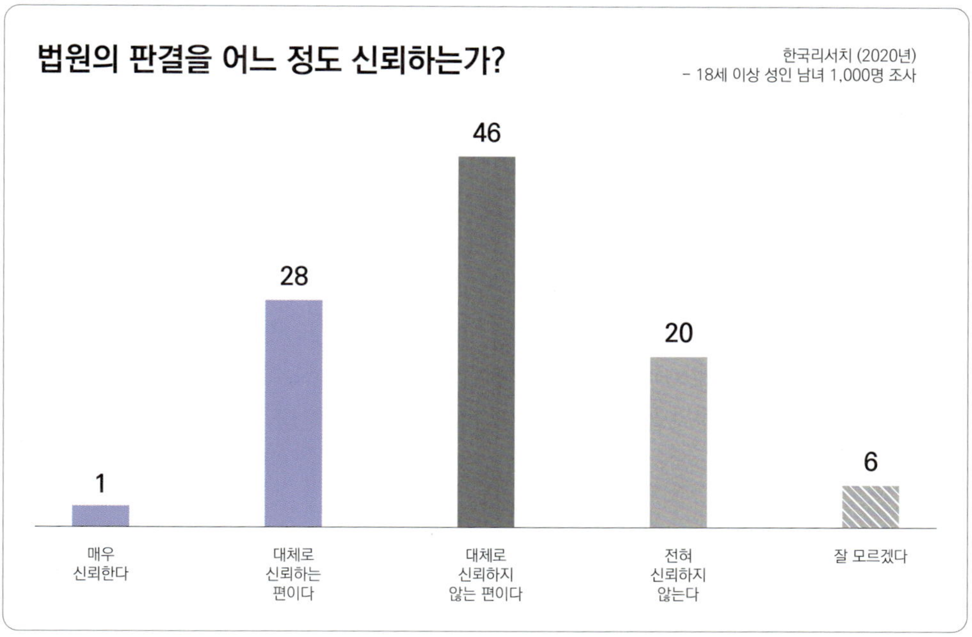

법정 덕목 판결

Ⅱ. 읽어 봅시다

다음 글을 읽고 질문에 답하십시오.

대다수의 사람들은 자신이 속한 사회의 법과 규칙을 준수하며 살아간다. 법을 지키지 않는다면 자신이 속한 사회가 제대로 유지될 수 없다는 것을 잘 알기 때문이다. 그러나 씁쓸하게도 어디에나 법을 어기고 사회 질서를 어지럽히는 사람이 있게 마련이다. 매일 신문과 방송에서 보도되는 범죄 사건과 사고가 이러한 현실을 잘 보여 준다. 각종 사건, 사고가 발생했을 때 법률적 판단을 담당하는 기관은 사법부이고, 실제 소송 사건에서 최종 판결을 내리는 사람은 법원의 판사이다. 판사는 재판 과정에서 다른 어떤 것에도 영향을 받지 않고 오직 법과 양심에 따라 판결을 내려야 하기 때문에 법률적 지식뿐만 아니라 공정성과 윤리성을 기본 덕목으로 갖추어야만 한다.

그런데 근래에 들어 사법부에 대한 국민의 신뢰도가 떨어지고 있다. 아동 등을 대상으로 반인륜적 범죄를 저지른 흉악범에게 법원이 낮은 형량을 선고한 데 대해 사회적으로 비판 여론이 강하게 일었으며, 정부의 홈페이지에는 인공 지능(AI) 판사를 도입해 공정하고 엄중한 처벌을 내려 달라는 국민 청원이 올라오기도 했다. 최근 한 조사 기관에서 발표한 자료에 따르면 국민 열 명 중 여섯 명은 법원의 판결을 신뢰하지 않으며, 여덟 명은 판사에 따라 판결이 달라진다고 응답하기도 했다. 한 가지 더 흥미로운 사실은 '만약 자신이 재판을 받게 된다면 인간 판사와 인공 지능 판사 가운데 누구에게 재판을 받고 싶은가?'를 묻자 전체 응답자의 48%가 인공 지능 판사를 선택했다는 점이다. 인간 판사에게 재판을 받겠다는 응답자는 39%에 그쳤다.

이 조사 결과에서 다수가 인간이 아닌 인공 지능 판사를 선택한 데에는 인공 지능 판사가 더 공정하고 엄격한 판결을 내릴 것이라는 기대 심리가 작용한 것으로 보인다. 그러나 인공 지능에 기반한 사법적 판단이 더 공정하고 중립적일 것이라는 생각은 적어도 현재로서는 막연한 기대에 가깝다는 것이 법조계와 정보 통신 업계 관계자들의 분석이다. 전문가들은 인공 지능 학습에 이용되는 알고리즘의 편향성이 문제라고 지적한다. 알고리즘은 컴퓨터가 데이터를 처리하는 규칙으로서 통계를 기반으로 작동한다. 그런데 이 알고리즘에다가 현존하는 모든 사법적 데이터를 입력시키는 것은 불가능하기 때문에 일정 부분의 데이터가 배제될 수밖에 없다. 이런 불완전한 상태에서 인간의 개입이나 통제 없이 자율적 판단에 의해 결정을 내리게 되는 것이 알고리즘의 본래 속성이고, 이를 기반으로 작동하는 인공 지능 역시 편향성에서 자유로울 수 없다는 것이다. 인공 지능의 학습에 인간이 개입하게 될 경우 어떠한 데이터를 입력할 것인지가 여전히 큰 문제로 남는다.

준수하다 어지럽히다 사법부 소송 반인륜적 흉악범 선고하다 엄중하다
국민 청원 정의롭다 중립적 막연하다 알고리즘 편향성 배제되다

실제로 국내에서 인공 지능 챗봇(문자나 음성으로 사용자와 대화를 나눌 수 있도록 개발된 컴퓨터 프로그램)이 사회적으로 문제를 일으켰던 일이 있다. 스무 살 대학생 캐릭터로 개발된 문제의 챗봇은 지하철 임산부석에 대해 혐오 발언을 하고 장애인에 대해서도 편견이 가득한 발언을 해서 논란이 되었다. 게다가 그 챗봇은 데이터 학습을 위해 개인의 사생활이 담긴 에스엔에스(SNS) 비공개 대화들을 무단으로 사용하였고, 개인 정보를 수집하고 다른 사이트에 유출시키기까지 해서 결국 출시 3주 만에 서비스가 종료되었다. 이러한 상황을 고려하면 인공 지능이 인간보다 더 공정하고 윤리적이라고 단언하기는 힘들다.

한편 국내 사법부에서는 다른 목적으로 인공 지능의 도입을 추진하고 있다. 대법원은 빅 데이터와 인공 지능 기반의 전자 소송 시스템을 도입하여 향후 3년 내에 시행할 것이라고 한다. 소송 등 사법 절차의 모든 문서를 디지털화해서 빅 데이터 분석 기반을 마련하고, 인공 지능 시스템으로 업무 처리의 자동화를 추진함으로써 사건의 처리 기간을 단축하고 비용을 절감하려는 것이다. 이는 국민이 기대하는 것과 다른 방향에서의 활용이기는 하나, 인공 지능이 이미 사법 영역 안으로 깊숙이 들어온 것만큼은 분명한 사실이다.

인공 지능 판사의 도입은 공장의 제품 생산 과정에 로봇을 들이는 것과는 차원이 다른 문제이다. 재판의 공정성과 윤리성, 효율성을 기계적인 수치로만 따진다면 인간사에 복잡하게 얽혀 있는 미세한 차이를 놓칠 수 있고, 무엇보다도 인간 고유의 가치를 배제시킬 수밖에 없다는 점을 명심해야 한다.

1 각 단락의 중심 내용입니다. 빈칸을 채우십시오.

단락	중심 내용
첫 번째	1) ______ 의 역할과 2) ______ 이/가 갖추어야 할 덕목
두 번째	사법부의 신뢰도 추락과 3) ______ 도입 여론
세 번째	인공 지능 알고리즘의 4) ______ 위험
네 번째	5) ______ 에 있어서 한계를 드러낸 인공 지능 사례
다섯 번째	국내 사법부의 6) ______ 계획
여섯 번째	인공 지능 판사 도입 시 유의할 점

종료되다 단언하다 시행하다 디지털화하다 절감하다 미세하다

2 인공 지능 판사 도입에 대한 글쓴이의 태도를 고르십시오. ( )

① 신중하다 ② 절실하다 ③ 배타적이다 ④ 적극적이다

3 글의 내용과 같은 것을 고르십시오. ( )

① 사람들은 흉악범에 대한 사법부의 판결이 적절하다고 생각한다.
② 조사 결과에 따르면 인공 지능보다 인간 판사를 신뢰하는 이가 더 많다.
③ 사법부는 더 공정한 재판을 하기 위해 인공 지능 시스템 도입을 추진하고 있다.
④ 알고리즘의 한계로 인해 인공 지능에 기반한 판결이 공정하지 않을 수도 있다.

4 인공 지능 챗봇의 문제점으로 어떤 것이 있었습니까? 쓰십시오.

1) ______________________________

2) ______________________________

3) ______________________________

III. 정리해 봅시다

여러분은 인공 지능 판사 도입에 대해서 어떻게 생각합니까?

개인과 사회

2. 시민의 역할

MP3 / 07

• 학습 목표: 마을 공동체에 대한 이야기를 듣고 이해할 수 있다.

I. 준비해 봅시다

1 마을 주민들과의 교류가 필요하다고 생각합니까?

2 살기 좋은 마을을 만들기 위해서 마을 주민들이 함께 노력해야 할 것이 무엇이라고 생각합니까?

주민 관계망 형성

마을 일자리 창출

마을 공동 육아

관계망

Ⅱ. 들어 봅시다

[1] 듣고 질문에 답하십시오.

1 들은 내용과 같은 것을 고르십시오. (　　)

① 물리적으로 먼 거리에 있는 타인들도 마을 공동체를 만들 수 있다.
② 마을 공동체는 주민들이 한곳에 모여 공동생활을 하는 형태를 뜻한다.
③ 마을 공동체에서 물질적·정서적 박탈감과 소외감을 더 크게 느낄 수 있다.
④ 개인이 혼자 해결할 수 없는 문제를 마을 공동체를 통해 해결할 수도 있다.

[2~3] 듣고 질문에 답하십시오.

2 활동가들이 이 자리에 나온 목적은 무엇입니까? (　　)

① 마을 공동체 사업의 목표를 소개한다.
② 마을 공동체 사업의 필요성에 대해서 주장한다.
③ 마을 발전소 사업의 활동 성과에 대해서 보고한다.
④ 마을 발전소 사업의 지원 분야에 대해서 안내한다.

정서적　소외감　고독사　친밀하다　궁극적　모색하다
발전소　고군분투　취약　반상회　활력　소모임　심층　염두에 두다　틀
길고양이　상위　쿠데타　고립되다　자립 준비 청년　중장년층

3 성산동 마을 발전소 사업의 진행 과정입니다. 빈칸을 채우십시오.

첫해	1) ______________ 을/를 대상으로 다양한 건강 증진 프로그램을 실시함.
다음 해	2) ______________ 의 건강 증진을 사업의 주요 목표로 설정함.
올해	3) 청소년과 청년의 ______________ 과/와 ______________, 이 두 가지 큰 틀로 사업이 추진되고 있음.

[4~6] 다시 듣고 질문에 답하십시오.

4 들은 내용과 같은 것을 고르십시오. (　　)

① 서울시가 마을 공동체 지원 사업을 시작한 지 3년이 되었다.
② '마을 발전소'는 시민 단체 주도로 지역을 발전시키는 사업이다.
③ '활력 플랫폼' 내에서 말할 때 누구에게든지 높임말을 쓰지 않는다.
④ '활력 소모임'의 운영은 장애가 있는 청소년과 청년들이 맡고 있다.

5 청소년과 청년을 대상으로 한 '활기 강좌'의 주제와 내용이 무엇인지 쓰십시오.

강좌순서	주제	내용
첫 번째	환경	1) ______________
두 번째	2) ______________	외국의 쿠데타
세 번째	경제	3) ______________

6 발표를 듣고 할 수 있는 말을 고르십시오. (　　)

① "성산동의 청소년과 청년 활력 소모임은 10개도 되지 않는구나."
② "마을 발전소 사업은 내년에 더 다양한 지원을 받을 수 있겠구나."
③ "성산동 지역 주민들은 청소년과 청년 프로그램에 관심이 많구나."
④ "성산동 '마을 발전소' 사업 초기에 전 연령층이 적극적이었던 건 아니구나."

I. 정리해 봅시다

여러분이 살고 있는 지역에 마을 공동체를 만든다면 어떤 활동을 같이 해 보고 싶습니까?

04과 사회 제도와 정책

1. 한국의 군 복무 제도

MP3 / 08

• 학습 목표: 한국의 군 복무 제도에 대한 이야기를 듣고 이해할 수 있다.

Ⅰ. 준비해 봅시다

1 여러분 나라에서는 국민이 군대에 꼭 가야 합니까?

2 앞으로 군 입대 지원자의 수가 감소한다면 이 문제를 어떻게 해결하면 좋을까요?

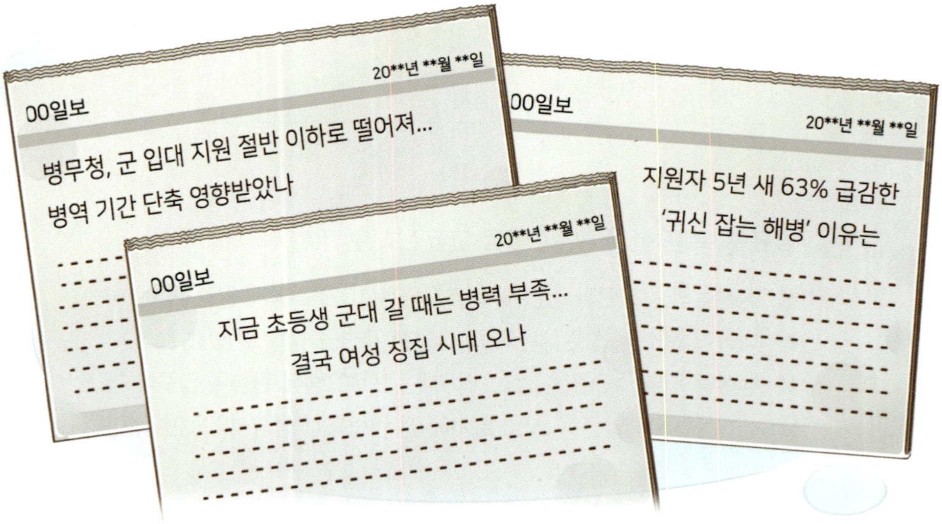

II. 들어 봅시다

[1] 듣고 질문에 답하십시오.

1 들은 내용과 같은 것을 고르십시오. (　　)

① 군 복무 인원은 향후 지속적으로 증가할 전망이다.
② 6년 후에는 현행 의경 제도로 군대에 입대할 수 없다.
③ 국방부는 첨단 과학 기술을 이용하여 군대를 운영 중이다.
④ 전문 연구 요원은 5년 안에 50% 이상 감축될 예정이다.

[2~3] 듣고 질문에 답하십시오.

2 무엇에 대하여 토론하고 있습니까?

① 현 군인 월급의 수준 유지
② 여성 징병제 시행 계획
③ 군 복무 기간 단축 방안
④ 현재 군 규모 유지 여부

3 들은 내용과 같은 것을 고르십시오. (　　)

① 이스라엘의 여성은 32개월 동안 군 복무를 한다.
② 군 규모를 줄이는 방안으로 징병제가 도입되었다.
③ 높은 월급 덕분에 입대하고자 하는 지원자가 많다.
④ 모병제를 도입하기에 앞서 세심한 검토가 필요하다.

감안하다　전력 구조　상비　병력　민영화　감축　자위대　징집

[4~6] 다시 듣고 질문에 답하십시오.

4 박 교수와 김 의원의 주장입니다. 빈칸을 채우십시오.

	주장
박 교수	현재의 병력 규모를 1) ______________ 어야/아야/여야 하며, 여성의 군 복무를 당장 시행하는 것에 2) ______________.
김 의원	현재의 병력 규모를 3) ______________ 어야/아야/여야 하며, 이를 위해 여성의 군 복무를 4) ______________.

5 박 교수와 김 의원이 말하는 태도로 맞는 것을 고르십시오. (   )

① 상대방의 의견을 지지하며 적절한 근거를 제시한다.
② 상대방의 의견에 동의하며 부족한 내용을 추가한다.
③ 상대방의 주장에 반박하며 자신의 의견을 주장한다.
④ 상대방의 의견을 종합하고 자신의 주장과 비교한다.

6 모병제에 대한 설명으로 맞는 것을 고르십시오. (   )

① 경제적 약자는 군대에 지원하기 어려워진다.
② 군사 영역의 민영화가 가져올 영향을 알 수 없다.
③ 국방 분야를 전문화하여 국가 안보에 도움이 된다.
④ 현재 일본과 이스라엘에서 시행되고 있는 군사 제도이다.

Ⅱ. 정리해 봅시다

여러분은 모병제와 징병제 중 어느 쪽이 적절하다고 생각하십니까?

모병제 도입이 징병제보다 국가 안보에 도움이 될 것이라는 주장에 얼마나 공감하십니까?

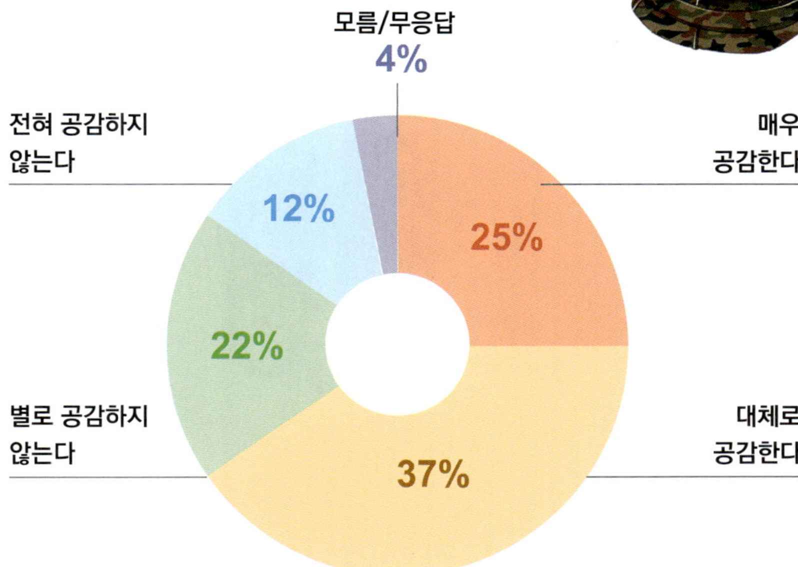

〈머니 투데이 2016.9.12. 기사 참조〉

04과 사회 제도와 정책

2. 복지와 개인의 삶

MP3 / 09

• 학습 목표: 사회 복지에 대한 글을 읽고 이해할 수 있다.

Ⅰ. 준비해 봅시다

1 '요람에서 무덤까지'라는 말을 들어 본 적이 있습니까?

학자금 대출 지원

돌봄 서비스 지원

생애 첫 주택 지원

2 여러분 나라에는 어떤 사회 복지 제도가 있습니까?

요람

Ⅱ. 읽어 봅시다

다음 글을 읽고 질문에 답하십시오.

공동의 부와 기본 소득

세계적인 전염병의 대유행으로 재난 지원금 논쟁이 뜨거워지며 기본 소득 논의가 시작되었다. 논의의 끝이 어떻게 될지는 아직 알 수 없지만, 코로나19가 기본 소득 공론화의 계기가 되었다는 점만은 분명하다. 기본 소득 지구 네트워크는 기본 소득을 "가진 재산이 얼마나 되느냐, 혹은 노동을 하고 있느냐와 상관없이 무조건 각 개인에게 지급되는 정기적인 현금"으로 정의한다. 기본 소득의 정의에 등장하는 무조건성, 보편성, 개별성, 정기성, 현금 지급성, 이 다섯 지표는 기본 소득을 다른 복지 제도와 구별지어 준다. 20세기의 국가 복지는 일반적으로 노동하는 가장을 중심으로 하는 하나의 가정을 단위로 이루어졌으나 기본 소득은 노동 요구나 의사에 대한 증명이나 심사 없이 개인에게 개별적으로 지급되는 개념이다.

정의로운 분배와 관련된 가장 오래된 원칙은 개인은 그 노력과 성과에 따라 자신의 정당한 몫을 받아야 한다는 것이며 이 원칙은 공동의 몫을 모두가 공평하게 받아야 한다는 원칙과 충돌하지 않는다. 그러므로 사회적 협력의 산물이나 자연적 기초로부터 나온 수익은 모두에게 공평하게 배분되어야 하며, 이때 노동 여부나 자산 수준을 기준으로 배분하는 것은 정의로운 분배 원칙에 어긋난다. 즉, 기본 소득이야말로 공동의 몫을 모두에게 돌려주는 유일하게 정당한 분배 방식이다. 성과에 따라 공평하게 몫을 나누는 것에 더하여 공동의 몫에 대한 무조건적, 보편적, 개별적인 평등 분배가 이루어져야 한다. 그렇게 되지 않는다면 누군가가 모두의 몫을 독식하는 정의롭지 못한 상태가 지속될 것이다.

그렇다면 공동의 몫이란 무엇을 의미할까? 공동의 몫, 다른 말로 공동의 부는 크게 자연적 공동 부와 인공적 공동 부로 나눌 수 있다. 가장 대표적인 자연적 공동 부의 예는 토지이다. 토지를 개간한 사람이 토지 가치를 향상시켰을지라도 토지 그 자체를 창조하지는 않았다. 건물을 지은 사람이 땅을 창조하지 않았을뿐더러 건물의 가치는 지리적 위치와 사회 인프라의 영향을 받는다. 따라서 토지의 활용으로부터 나온 수익 일부는 토지를 공동으로 소유하는 모두에게 조건 없이 분배되어야 한다. 토지뿐만 아니라 천연자원도 인류 모두의 것이다. 생태 환경의 경우에도 생태 파괴로 인한 피해는 인류 모두가 감당해야 함에도 불구하고 발생하는 수익은 기업이 독차지하는 현 상태는 반생태적일 뿐만 아니라 정의로운 분배라고도 할 수 없다. 토지 그 자체, 천연자원, 생태 환경은 모두의 것이며 따라서 이로부터 나온 수익 일부는 자연적 공동 부에 해당한다.

논의　지표　정당하다　개간하다

인공적 공동 부란 사회의 작용으로 발생하며 어느 한 사람의 성과가 될 수 없는 수익이다. 경제학자들은 모든 소득의 90%는 이전 세대에 의해서 축적된 지식의 외부 효과*라고 한다. 이러한 외부 효과로 인한 소득이 모두에게 공평하게 돌아가야 비로소 분배의 정의가 이루어진다. 또한 점점 더 중요성이 강조되고 있는 빅 데이터 역시 인공적 공동 부를 창출한다. 기업은 데이터가 수집되고 저장되는 플랫폼을 소유함으로써 데이터를 활용하고, 빅 데이터를 생성하며, 인공 지능을 개발하고 이윤을 증대시킨다. 이와 같은 이윤 창출 과정은 데이터가 끊임없이 생성될 때에만 유지될 수 있다. 물론 데이터 수집에 플랫폼의 역할이 크지만 사람들의 디지털 활동이 없다면 어떠한 빅 데이터도 생성되지 않고 플랫폼 알고리즘도 개발될 수 없다. 그렇기에 빅 데이터 활용으로 발생한 수익 역시 일종의 공동 부이므로 플랫폼 기업은 빅 데이터로부터 발생한 수익의 일부를 모든 사람에게 조건 없이 되돌려 줘야 한다.

비록 국가 차원에서 기본 소득을 도입한 나라는 아직 없지만 기본 소득이 현재 전 세계적으로 가장 뜨거운 논쟁거리가 된 이유는 전통적인 복지 제도나 노동 정책에서 공동 부를 공평하게 분배하기 위한 해답을 찾기 어렵기 때문일 것이다. 이 점에서 재난 지원금의 보편적 지급과 관련해 시작된 기본 소득 논쟁은 향후 지속적인 논의가 필요할 것으로 보인다.

(출처: 금민,『월간 공공정책』(일부 재구성))

*외부 효과: 어떤 개인이나 기업이 재화나 용역을 생산·소비·분배하는 과정에서, 대가를 주고받지 않은 채로 그 과정에 참여하지 않은 다른 개인이나 기업의 경제 활동이나 생활에 이익을 주거나 손해를 끼치는 것.

(출처: 우리말샘 사전)

1 각 단락의 중심 내용입니다. 빈칸을 채우십시오.

단락	중심 내용	
첫 번째	기본 소득의 1) ________	
두 번째	2) ________ 과/와 기본 소득	
세 번째	공동의 부	3) ________ 공동 부
네 번째		4) ________ 공동 부
다섯 번째	기본 소득에 대한 논의 필요	

반생태적　창출하다　증대시키다

2 글의 내용과 다른 것을 고르십시오. (　　)

① 기본 소득은 개인을 기준으로 지급된다.
② 공동의 부는 크게 두 가지로 구분될 수 있다.
③ 생성된 모든 소득의 90%는 자연적 공동 부이다.
④ 전통적 복지 제도는 공평한 분배에 적절하지 않다.

3 다음 중 공동의 부와 가장 거리가 먼 것을 고르십시오. (　　)

① 지하에 묻혀 있는 천연자원
② 인터넷에서 수집한 빅 데이터
③ 기업이 개발한 새로운 플랫폼
④ 역사적으로 의미 있는 관광 자원

4 글쓴이는 왜 기본 소득이 필요하다고 봅니까? 빈칸을 채우십시오.

기본 소득은 1) ______________ 을/를 모두에게 돌려주는 유일하게 정당한 2) ______________ 이다.

5 글쓴이와 입장이 같은 사람의 말을 고르십시오. (　　)

① "국가 차원에서 이 제도를 도입하기 위해 더 많은 논의가 필요해."
② "전 국민에게 주자면 돈이 많이 들 텐데 그 돈은 어디서 구하지?"
③ "열심히 일하는 사람에게 세금을 더 내라고 하면 누가 좋아하겠어?"
④ "일을 하지 않아도 소득을 보장해 준다면 근로 의욕이 떨어질 거야."

II. 정리해 봅시다

여러분은 기본 소득 제도에 대해서 어떻게 생각합니까? 여러분 나라에 기본 소득 제도를 도입하는 것이 필요하다고 생각합니까?

복습

MP3 / 10

다음 글을 읽고 질문에 답하십시오.

지방 자치 제도

지방 자치 제도란 지방 주민과 자치 단체가 지역의 여러 행정 사무를 자주적으로 맡아서 처리하는 제도를 말한다. 지방 자치 제도를 시행하는 목적은 지역에서 발생하는 여러 문제에 대한 해결을 지역 상황을 정확히 이해하고 있는 지방 자치 단체에 맡김으로써 지역 주민의 복리를 증진하는 데 있다.

지방 자치 제도가 성공하기 위해서는 다음 두 가지 조건이 중요하다. 첫째, 지방 자치 단체가 중앙 정부로부터 자율성을 획득하여 지역 사무를 스스로 처리할 수 있어야 한다. 둘째, 지역 주민의 주체적이고 자발적인 참여가 필요하다. 주민들의 적극적인 참여가 이루어지지 않는다면 지방 자치 제도는 유명무실한 제도가 될 수밖에 없을 것이다.

지방 자치 제도는 주민의 자발적 참여로 운영되기에 민주주의의 실현과도 밀접한 관계가 있다. 주민들은 제도를 통하여 정치에 참여할 기회를 얻고 자신이 지역의 주인임을 체감할 수 있다. 지방 자치 제도는 '민주주의의 학교'로도 불리는데, 지역 자치로 쌓은 민주주의의 경험이 이후 국가 전체의 운영에 관여하는 중앙 정치 참여로 이어지기 때문이다.

한국은 1949년 지방 자치법이 제정되었으나 잘 시행되지 못하다가 1995년에 이르러서야 자리를 잡는다. 1995년 6월 27일에 기초 의회 의원과 단체장, 광역시·시·도 의회 의원 및 단체장 선거가 실시되면서 한국은 명실상부한 지방 자치 시대를 맞이하게 되었다. 오늘날 한국인이 주변에서 가장 가깝게 경험할 수 있는 지방 자치 활동은 동을 단위로 하는 주민 센터에서 이루어진다. 주민 센터에서는 동의 여러 가지 상황과 필요에 적합한 서비스를 신속하게 제공함으로써 더 나은 주민 생활에 이바지하고 있다.

1. 지방 자치 제도가 '민주주의의 학교'라고 불리는 이유는 무엇입니까? (　　　)

   ① 중앙 정부와 지방 자치 단체가 긴밀하게 협조하기 때문에
   ② 지방 자치 단체가 지역 사무를 자율적으로 운영하기 때문에
   ③ 지역 자치의 경험이 중앙 정치 참여로 이어질 수 있기 때문에
   ④ 지역 상황을 정확히 이해하여 주민의 복리를 증진하기 때문에

2. 여러분 나라는 지방 자치 제도를 시행하고 있습니까?

자주적　밀접하다　체감하다　이바지하다

서울시청 시민청

"서울시청 시민청? 서울 시청이 아니고?"
"처음 듣는데 인터넷 사이트야?"

서울시청 시민청은 2013년에 문을 열었지만 아직 모르는 시민이 많다. 서울 시청 지하 1, 2층에 위치한 서울 시민청은 서울시가 관공서의 문턱을 낮추어 시민들이 친근하게 오갈 수 있게 하겠다는 취지로 마련한 문화 공간이다.

서울시청 시민청에는 전시장, 공연장 등 다양한 시설이 갖추어져 있어서 누구나 시민청에서 열리는 공연이나 전시를 무료로 관람할 수 있고 각종 체험 행사에 참여할 수 있다. 이 시민청의 특별한 점이라면 시민들이 직접 문화 사업을 제안하고 기획할 수 있다는 것이다. 다른 문화 예술 공간들은 기획한 프로그램을 제공하기만 하지만 시민청은 시민이 직접 사업을 제안하고 기획해서 운영까지 참여할 수 있게 설계된 곳이다. 워크숍을 하거나 시민 모임을 가질 공간이 필요한 사람은 회의장을 대관할 수 있을 뿐만 아니라 시민청에서 연결해 주는 전문가와 화상 회의도 할 수 있다.

살기 좋은 도시, 모두가 행복한 도시를 만들기 위해서는 그 무엇보다도 시민의 역할이 중요하다. 시민들이 만들고 가꾸는 공간인 서울의 시민청, 서울에 살고 있다면 한번쯤은 가 보아야 하는 곳이 아닐까?

1. 서울 시민청에서 시민들은 무엇을 할 수 있습니까?

2. 여러분 나라에도 서울의 시민청과 비슷한 문화 공간이 있습니까?

05과 성공과 진로

1. 성공의 의미

MP3 / 11

• 학습 목표: 성공과 완벽주의에 대한 이야기를 듣고 이해할 수 있다.

Ⅰ. 준비해 봅시다

1 원하는 직업을 얻으려면 그 준비에 시간을 얼마나 들여야 할 것 같습니까?

청년 취업 실태 조사

• 졸업 후 첫 취업 소요 기간 (15~29세 청년 대상)

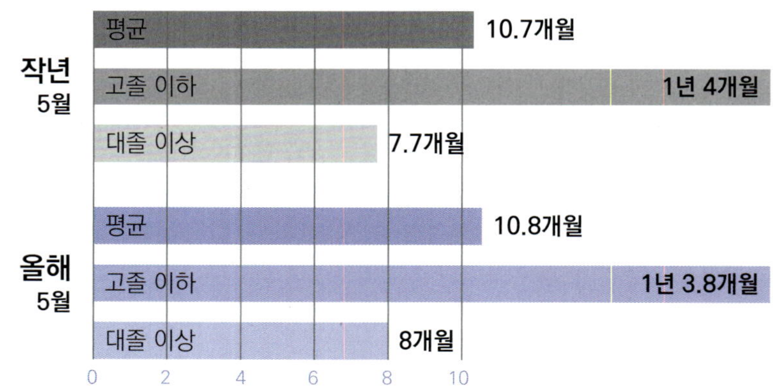

(통계청 자료)

2 어떤 성향을 지닌 사람이 성공하는 것 같습니까?

사고형	감정형
감각형	직관형
외향형	내향형
판단형	수용형

이상주의자　현실주의자　완벽주의자　낙천주의자

실태　성향　직관　이상주의자　현실주의자　완벽주의자　낙천주의자

Ⅱ. 들어 봅시다

[1] 듣고 질문에 답하십시오.

1 들은 내용과 같은 것을 고르십시오. (　　)

① 여자와 남자는 성공에 대한 생각이 다르다.
② 이야기의 주인공은 28년간 변호사로 일했다.
③ 남자는 이야기의 주인공이 성공했다고 생각한다.
④ 여자는 가족이 희생해서 이룬 꿈은 가치가 없다고 본다.

[2~3] 듣고 질문에 답하십시오.

2 무엇에 대해서 이이야기하고 있습니까? (　　)

① 한국의 '빨리빨리' 문화
② 완벽주의의 장점과 한계
③ 업무 성과를 높이는 방법
④ 성공 강박에 대한 조사 결과

다큐멘터리　사법 고시　공공 근로　무결점　성취감　강박　서열화하다　면목
단적　한정되다　무한　추월당하다　좌우하다　부여하다　과유불급

3 완벽주의에 대한 설명입니다. 빈칸을 채우십시오.

완벽주의는 절대로 1)__________에 쉽게 만족하지 않고 2)__________을/를 추구하는 성향을 말한다. 3)__________을/를 이끌어 내기 위해 열정적인 노력을 멈추지 않는 것은 긍정적인 측면이지만 4)__________ 같은 심리적 고통이 생기는 부정적인 측면도 있다.

[4~6] 다시 듣고 질문에 답하십시오.

4 들은 내용과 같은 것을 고르십시오. (   )

① 성공한 사람들에게는 보통 성공 강박이 있다.
② 완벽주의는 업무 성과에 부정적인 영향을 끼친다.
③ 완벽주의가 심한 정도는 그 사회의 문화와 관계가 있다.
④ 한국은 다른 나라에 비해 완벽주의 성향을 가진 사람이 적다.

5 상담 심리 연구실과 취업 포털 사이트의 조사 결과로 알 수 <u>없는</u> 것을 고르십시오. (   )

① 완벽주의자가 되면 모두 행복한가?
② 완벽주의자의 유형에는 어떤 것이 있나?
③ 완벽주의 성향을 가진 사람들이 얼마나 많은가?
④ 완벽주의가 업무 성과를 높이는 데 도움이 되나?

6 '행복한 완벽주의자'가 되려면 어떻게 하는 것이 좋습니까? 쓰십시오.

____

I. 정리해 봅시다

자신에게 완벽주의자 성향이 있는지 알아봅시다.

〈완벽주의 진단 검사 질문지〉

번호	내용	전혀 그렇지 않다	대체로 그렇지 않다	보통이다	대체로 그렇다	매우 그렇다
1	나의 부모님은 나에 대해 매우 높은 기준을 갖고 계신다.	1	2	3	4	5
2	조직화하고 체계화하는 일은 나에게 매우 중요하다.	1	2	3	4	5
3	나 스스로에게 상당히 높은 기준을 부과하지 않으면 나는 시시한 사람이 되어 버릴 것 같다.	1	2	3	4	5
4	우리 부모님은 내 실수를 결코 이해하려 하지 않으셨다.	1	2	3	4	5
5	나는 깔끔하고 늘 정돈하는 사람이다.	1	2	3	4	5
6	나는 조직적이고 체계적인 사람이 되려고 애쓴다.	1	2	3	4	5
7	만일 내가 직장에서나 학업에서 실패한다면, 난 한 인간으로서 실패한 것이다.	1	2	3	4	5
8	나의 부모님은 모든 면에서 내가 최고이길 바라셨다.	1	2	3	4	5
9	나는 대부분의 사람들보다 목표를 높게 잡는다.	1	2	3	4	5
10	다른 사람이 나보다 더 잘하는 것 같을 때, 나는 그 일 전체를 다 실패한 것처럼 느낀다.	1	2	3	4	5
11	우리 가족에게는 무슨 일이든 뛰어나게 잘해 내야 인정받을 수 있다.	1	2	3	4	5
12	나는 무슨 일에서든지 최고가 아니면 싫다.	1	2	3	4	5
13	나는 아주 높은 목표를 가지고 있다.	1	2	3	4	5
14	나의 부모님은 내가 뛰어나길 기대하신다.	1	2	3	4	5
15	내가 실수를 하면 나에 대한 사람들의 평가가 낮아질 것이다.	1	2	3	4	5
16	나는 결코 부모님의 기대를 만족시켜 드릴 수 없을 것이다.	1	2	3	4	5
17	남들만큼 잘하지 못하면 곧 내가 뒤떨어지는 사람이라는 뜻이다.	1	2	3	4	5
18	내가 항상 잘하지 못하면 사람들은 나를 존중하지 않을 것이다.	1	2	3	4	5
19	나의 부모님은 내 장래에 대해 늘 나보다 높은 기대를 갖고 계셨다.	1	2	3	4	5
20	나는 깔끔하게 정돈하는 사람이려고 노력한다.	1	2	3	4	5
21	일상적으로 하는 단순한 일에 대해서도 미심쩍은 생각이 든다.	1	2	3	4	5
22	깔끔하게 정돈하는 것은 나에게 중요하다.	1	2	3	4	5
23	나는 조직적이고 체계적인 사람이다.	1	2	3	4	5
24	일을 자꾸 되풀이하기 때문에 일 처리가 늦어지는 경향이 있다.	1	2	3	4	5
25	어떤 일을 내 마음에 들게 제대로 하려면 시간이 무척 오래 걸린다.	1	2	3	4	5
26	내가 실수를 적게 할수록 사람들은 나를 더 좋아할 것이다.	1	2	3	4	5

★ 79점 이상 완벽주의자 성향이 있음.

★★ 104점 이상 완벽주의자 성향이 아주 강함.

05과

성공과 진로

2. 진로와 꿈

MP3 / 12

• 학습 목표: 직업 전망에 대한 글을 읽고 이해할 수 있다.

Ⅰ. 준비해 봅시다

1 앞으로 사라질 것이라고 생각되는 직업이 있습니까?

기존 일자리를 파괴시키는 기술	사라질 직업
무인 자동차	택시 기사, 버스 기사, 교통 경찰 등
드론	택배 서비스, 배달원, 소방관, 기자 등
3D 프린터	제조업 기술자, 목수, 부동산 전문가 등
빅 데이터, 인공 지능	언론인, 심리학자, 회계사, 교사 등
대용량 에너지 저장 기술	발전소 직원, 가스 배달업자 등
AI 로봇 기술	계산원, 약사 등

(참고: 박영숙, 『유엔미래보고서 2045』)

2 미래에는 어떤 직업이 유망할 것이라고 생각합니까?

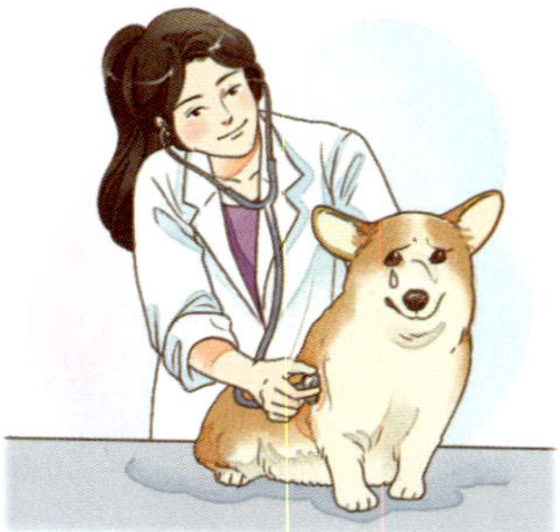

Ⅱ. 정리해 봅시다

자신에게 완벽주의자 성향이 있는지 알아봅시다.

〈완벽주의 진단 검사 질문지〉

번호	내용	전혀 그렇지 않다	대체로 그렇지 않다	보통이다	대체로 그렇다	매우 그렇다
1	나의 부모님은 나에 대해 매우 높은 기준을 갖고 계신다.	1	2	3	4	5
2	조직화하고 체계화하는 일은 나에게 매우 중요하다.	1	2	3	4	5
3	나 스스로에게 상당히 높은 기준을 부과하지 않으면 나는 시시한 사람이 되어 버릴 것 같다.	1	2	3	4	5
4	우리 부모님은 내 실수를 결코 이해하려 하지 않으셨다.	1	2	3	4	5
5	나는 깔끔하고 늘 정돈하는 사람이다.	1	2	3	4	5
6	나는 조직적이고 체계적인 사람이 되려고 애쓴다.	1	2	3	4	5
7	만일 내가 직장에서나 학업에서 실패한다면, 난 한 인간으로서 실패한 것이다.	1	2	3	4	5
8	나의 부모님은 모든 면에서 내가 최고이길 바라셨다.	1	2	3	4	5
9	나는 대부분의 사람들보다 목표를 높게 잡는다.	1	2	3	4	5
10	다른 사람이 나보다 더 잘하는 것 같을 때, 나는 그 일 전체를 다 실패한 것처럼 느낀다.	1	2	3	4	5
11	우리 가족에게는 무슨 일이든 뛰어나게 잘해 내야 인정받을 수 있다.	1	2	3	4	5
12	나는 무슨 일에서든지 최고가 아니면 싫다.	1	2	3	4	5
13	나는 아주 높은 목표를 가지고 있다.	1	2	3	4	5
14	나의 부모님은 내가 뛰어나길 기대하신다.	1	2	3	4	5
15	내가 실수를 하면 나에 대한 사람들의 평가가 낮아질 것이다.	1	2	3	4	5
16	나는 결코 부모님의 기대를 만족시켜 드릴 수 없을 것이다.	1	2	3	4	5
17	남들만큼 잘하지 못하면 곧 내가 뒤떨어지는 사람이라는 뜻이다.	1	2	3	4	5
18	내가 항상 잘하지 못하면 사람들은 나를 존중하지 않을 것이다.	1	2	3	4	5
19	나의 부모님은 내 장래에 대해 늘 나보다 높은 기대를 갖고 계셨다.	1	2	3	4	5
20	나는 깔끔하게 정돈하는 사람이려고 노력한다.	1	2	3	4	5
21	일상적으로 하는 단순한 일에 대해서도 미심쩍은 생각이 든다.	1	2	3	4	5
22	깔끔하게 정돈하는 것은 나에게 중요하다.	1	2	3	4	5
23	나는 조직적이고 체계적인 사람이다.	1	2	3	4	5
24	일을 자꾸 되풀이하기 때문에 일 처리가 늦어지는 경향이 있다.	1	2	3	4	5
25	어떤 일을 내 마음에 들게 제대로 하려면 시간이 무척 오래 걸린다.	1	2	3	4	5
26	내가 실수를 적게 할수록 사람들은 나를 더 좋아할 것이다.	1	2	3	4	5

★ 79점 이상 완벽주의자 성향이 있음.
★★ 104점 이상 완벽주의자 성향이 아주 강함.

05과 성공과 진로

2. 진로와 꿈

MP3 / 12

• 학습 목표: 직업 전망에 대한 글을 읽고 이해할 수 있다.

Ⅰ. 준비해 봅시다

1 앞으로 사라질 것이라고 생각되는 직업이 있습니까?

기존 일자리를 파괴시키는 기술	사라질 직업
무인 자동차	택시 기사, 버스 기사, 교통 경찰 등
드론	택배 서비스, 배달원, 소방관, 기자 등
3D 프린터	제조업 기술자, 목수, 부동산 전문가 등
빅 데이터, 인공 지능	언론인, 심리학자, 회계사, 교사 등
대용량 에너지 저장 기술	발전소 직원, 가스 배달업자 등
AI 로봇 기술	계산원, 약사 등

(참고: 박영숙, 『유엔미래보고서 2045』)

2 미래에는 어떤 직업이 유망할 것이라고 생각합니까?

II. 읽어 봅시다

다음 글을 읽고 질문에 답하십시오.

향후 10년간 일자리 전망 밝은 직업은?

한국 고용 정보원은 향후 10년간의 일자리 전망과 이에 영향을 미치는 요인을 수록한 『한국 직업 전망 2030』을 발간하였다. 『한국 직업 전망』은 격년으로 발간되는 대표적인 직업 정보서로서, 각종 연구 보고서와 통계청 자료 등을 바탕으로 하여 직업별 관련 기관과 연구소, 현장 전문가 등의 종합적인 분석을 거쳐 완성된다. 이번 책자에 수록된 미래의 직업 전망을 분야별로 간략히 살펴보면 다음과 같다.

보건 의료 및 생명 과학 분야에서 취업자 수가 늘어나는 직업은 간병인·물리 치료사·생명 과학 연구원·의사·한의사·수의사 등이다. 신체·정신 기능 저하를 겪는 사람이 일상적인 생활을 할 수 있도록 다양한 적응 훈련을 돕는 전문 간병인의 증가 추세는 돌봄 환경 지원이 국가 중심 사업이 되면서 요양 시설이 지속적으로 증가한 게 그 요인으로 꼽힌다. 식품 및 보건 연구의 활성화, 기업의 생명 과학 투자 증가, 바이오 에너지 연구의 활성화, 관련 법과 정부 정책 변화 등은 생명 과학 연구원의 증가에 긍정적으로 작용할 것으로 예상된다. 수의사는 반려동물 문화 확대와 세계화에 따른 검역 업무의 증가로 인해서, 그리고 의사는 고령 인구가 늘어나고 건강 보험 적용 범위가 확대됨에 따라서 그 수요가 늘 것으로 예측된다.

법률 분야에서는 변리사와 변호사 수요가 증가할 것으로 전망되며, 사회 복지 분야에서는 사회 복지사, 산업 안전 분야에서는 산업 안전 및 위험 관리원(산업 재해 예방 대책 수립, 설비 및 근로자 작업 환경 등을 점검하고 개선하는 직업) 취업자가 많아질 것으로 보인다. 변리사와 변호사는 기술이 발전하면서 특허 건수가 증가하고 지식 재산권의 중요도가 높아짐에 따라 그 수요가 늘고 있다. 사회 복지사 직업군의 확대는 고령 인구의 증가, 기업의 사회적 책임 강조에 따른 사회 공헌 및 복지 전담 인력의 증대가 주요 요인으로 꼽히며, 산업 안전 및 위험 관리원은 산업 안전에 대한 사회적 인식 확산과 안전 관련 규제 강화가 직업 전망에 긍정적인 영향을 미칠 것으로 보인다.

항공 분야는 취항 노선이 확대되고 여행 수요가 증가함에 따라 항공기 조종사와 승무원의 취업자 수가 늘 것으로 전망된다. 그리고 컴퓨터 네트워크 분야는 네트워크 시스템 개발자와 컴퓨터 보안 전문가 수요가 늘 것으로 예상된다. 인터넷과 타 산업의 융합이 급격하게 증가하고 있고, 빅 데이터에 기반하여 초연결 사회로 전환되고 있는 환경 속에서 정보 보안 기술이 무엇보다 절실하게 요구되고 있기 때문이다.

수록하다 격년 발간되다 물리 치료사 수의사 저하 간병인 바이오 에너지
활성화 검역 변리사 수립 설비 취항 융합 초연결 기법 신축하다
보수하다 목공 신재생 혁신 개척하다 알선

이외 분야에서는 전통 기법으로 궁궐이나 한옥 등을 신축하거나 보수하는 한식 목공들이 건물 보수 예산과 한옥 신축 증가 등의 요인으로 혜택을 볼 것으로 전망된다. 그리고 신재생 에너지를 연구·개발하며 에너지 효율을 높이는 시스템 관련 업무를 수행하는 에너지 공학 기술자는 환경에 대한 관심 상승, 신재생 에너지 강화 정책 등에 따라 취업 기회가 늘어날 것으로 예측된다.

일자리의 증감은 기술 혁신뿐만 아니라 인구 구조와 사회·문화적 환경 그리고 정부 정책과 제도의 상호 작용을 반영한 결과물이라고 할 수 있다. 급변하는 미래의 일자리 수요에 대비하기 위해서는 혁신적으로 발전하는 기술에 대한 적응 능력을 길러야 한다. 그러기 위해서는 사회·문화 및 정책 변화에 관심을 갖고 꾸준히 학습하는 동시에 자신이 선호하는 전문 분야를 새로이 개척하고자 하는 도전 정신을 가져야 할 것이다. 『한국 직업 전망 2030』은 직업과 진로 문제로 고민하는 청소년이나 구직자, 업무 능력 개발을 원하는 직장인, 진로 지도와 취업 알선을 담당하는 진로 상담 교사나 직업 상담원에게 큰 도움이 될 것으로 예상된다.

(출처: 고용노동부(일부 재구성))

1 이 글에 대한 설명으로 맞는 것을 고르십시오. (　　)

① 향후 10년 내에 새로 생길 직업에 대하여 예측하고 있다.
② 현재 취업 준비생에게 인기가 있는 직업을 소개하고 있다.
③ 근래 10년간 수요가 증가한 직업의 특징에 대하여 설명하고 있다.
④ 앞으로 취업자 수가 증가할 직업을 전망하고 그 요인을 분석하고 있다.

2 서로 관계가 있는 것을 연결하십시오.

1) 전문 간병인	●	●	검역 업무의 증가
2) 수의사	●	●	요양 시설의 증가
3) 변리사	●	●	인터넷과 타 산업의 융합
4) 네트워크 시스템 개발자	●	●	지식 재산권 중요도 상승

3 글의 내용과 같은 것을 고르십시오. (　　)

① 생명과학에 대한 기업의 투자가 감소할 전망이다.
② 산업 안전과 관련한 법적 규제가 더 강화될 것이다.
③ 기업은 사회적 책임으로부터 보다 자유로워질 것이다.
④ 컴퓨터 보안 관련 일자리는 점차 감소할 것으로 보인다.

4 일자리가 늘어나고 줄어드는 것에 영향을 주는 4대 요인을 찾아서 쓰십시오.

- ______________________
- ______________________
- ______________________
- ______________________

I. 정리해 봅시다

미래에 새로 생길 직업에 대해서 이야기해 봅시다.

06과 기업과 사회

1. 기업 활동

MP3 / 13

• 학습 목표: 마케팅 전략의 변화에 대한 글을 읽고 이해할 수 있다.

Ⅰ. 준비해 봅시다

1 여러분은 제품을 구매할 때 어떤 방식으로 정보를 얻습니까? 선호하는 마케팅 방식이 있습니까?

마케팅 활동 선호도

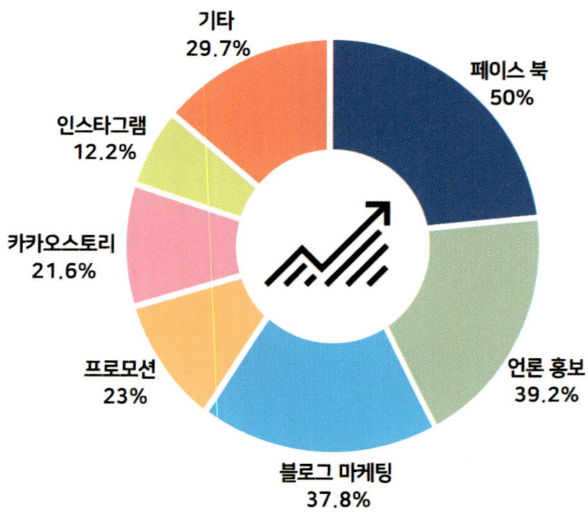

자료: 글램스톤(2016), 중복 응답

2 다음 마케팅 기법에 대해서 듣거나 경험해 본 적이 있습니까? 어떤 효과가 있다고 생각합니까?

컬러 마케팅

감성 마케팅

소셜 마케팅

노이즈 마케팅

II. 읽어 봅시다

다음 글을 읽고 질문에 답하십시오.

마케팅이란 시장 경제를 관리하는 경영학의 한 분야이다. 소비자를 대상으로 고객을 창조하고 유지·관리함으로써 고정 고객으로 만드는 모든 활동을 의미한다. 마케팅은 시대와 환경의 변화에 따라 달라져 왔는데 기업의 문화나 목표 같은 내적 환경 요인보다는 소비자의 생활 양식이나 소비 패턴의 변화, 기술이나 경제의 발전, 사회 문화의 변화 같은 외적 환경 요인의 영향을 더 크게 받는다.

최근 그중에서도 소비자 환경의 변화로 인한 마케팅의 변화가 두드러지게 나타나고 있다. 1990년대부터 인터넷 사용이 보편화되면서 소비자들은 과거와 달리 스마트폰이나 인터넷 매체를 통해 수많은 광고를 접하게 되었다. 이에 기업은 소비자들의 달라진 생활 방식과 가치관을 이해하고 그 욕구를 충족시키기 위해 기존의 마케팅 이론을 수정·보완하면서 인터넷을 어떻게 마케팅에 활용할 것인지 고민하게 되었다.

새로운 마케팅 시대가 열리면서 소비자와 기업의 역할도 달라졌다. 전통적인 마케팅에서 소비자는 기업이 생산한 제품이나 서비스를 구매하는 '구매자', 자신의 욕구 충족을 위해 소비하는 '소비자', 각종 제품이나 서비스의 정보를 수신하는 '수신자'에 불과했으나 뉴 마케팅 시대의 소비자는 단순 '구매자, 소비자'에 그치는 것이 아니라 '생산자인 동시에 소비자, 판매자인 동시에 소비자, 협력자'로서의 역할까지 맡게 되었다. 이에 따라 기업의 역할도 생산과 판매만 하던 것에서 벗어나 소비자와의 '협력자', 소비자 욕구 충족을 위한 '조력자'로서의 역할이 더해졌고 기업과 소비자는 공동 운명체가 되었다.

정보의 양과 영향력에 있어서도 소비자의 힘이 세졌다. 소비자들이 엄청난 양의 정보를 세계 각지에서 실시간으로 똑똑하게 활용하게 되면서 기업과 소비자는 공동으로 시장의 주체가 되었다. 과거에 기업의 입장에서 마케팅은 소비자를 대상으로 정보를 제공하고 제품을 이용하도록 설득하는 것으로 충분했으나 이제는 소비자와 공감대를 형성하는 것이 무엇보다 중요해졌다.

또한 기업이 시장을 분석하는 방법과 시점에도 변화가 요구된다. 기업은 이제 실시간으로 시장을 분석하고 즉각적으로 반응해야 시장의 흐름을 따라갈 수 있다. 이 점은 뉴 마케팅 시대에 기업이 갖춰야 할 역량이 무엇인지 시사해 준다. 일례로 한 라면 회사의 경우에는 국내외 소비자 반응을 실시간으로 반영하여 매운맛의 정도를 조절한다. 영화 제작의 경우에도 제작 과정을 소비자에게 어느 정도 노출하고 그 반응을 보면서 시나리오를 바꾸거나 편집을 달리하는 방식을 취하여 성공을 거두기도 했다.

창조하다　외적　충족시키다　수정하다　조력자　공동 운명체　공감대　시점
즉각적　역량　시사하다

이처럼 기업은 새로운 시대를 맞아 새로운 마케팅 전략이 필요하게 되었다. 전통적으로 기업은 생산, 가격, 유통, 판매 촉진을 적절히 배합하여 기업의 목표를 달성하는 전략인 '4P 마케팅 믹스'를 사용해 왔다. 하지만 이에 한계를 느끼게 되면서 '4C 마케팅 믹스'가 새롭게 제안되었다.

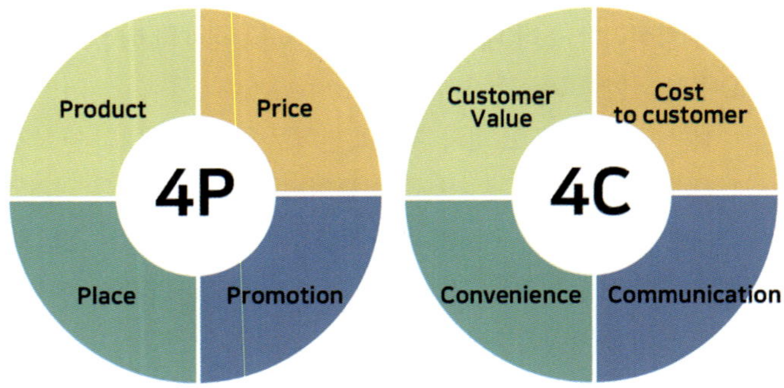

E.Jerome McCarthy (1960)　　Robert Lauterborn (1990)

4P는 기업의 입장에서 개발된 마케팅 전략인 반면 4C에는 고객의 시각과 관점이 뚜렷하게 반영되어 있다. 기업이 생산하는 제품은 고객의 시각에서 보면 고객이 누리는 가치나 혜택에 해당하고, 기업이 제시하는 가격은 고객에게 비용이 된다. 기업의 판매처는 고객에게 편의 시설이며, 기업의 판매 촉진 활동은 고객과의 소통으로 해석될 수 있는 것이다.

급변하는 시장 환경에 맞춰서 마케팅 전략은 계속 변화하고 새로운 개념이 추가되고 있다. 소비자인 고객이 시장의 능동적인 주체가 되고 그 영향력이 커짐에 따라 마케팅 전략도 끊임없이 진화하고 있다. 이러한 흐름에 비추어 볼 때 기업은 미래의 환경과 시장의 변화 양상을 한발 앞서 예측하고 그 변화에 적합한 마케팅 전략을 선도적으로 수립해 나가야 할 것이다.

1 각 단락의 중심 내용을 찾아서 연결하십시오.

1) 첫 번째 단락 ●	● 새로운 마케팅 전략
2) 두 번째 단락 ●	● 마케팅의 정의와 변화
3) 세 번째 단락 ●	● 신구 마케팅 전략의 비교
4) 네 번째 단락 ●	● 시장의 주체가 된 소비자
5) 다섯 번째 단락 ●	● 앞으로 기업이 해야 할 노력
6) 여섯 번째 단락 ●	● 소비자 환경의 변화와 마케팅
7) 일곱 번째 단락 ●	● 뉴 마케팅 시대 소비자와 기업의 역할
8) 여덟 번째 단락 ●	● 뉴 마케팅 시대에 기업이 갖춰야 할 역량

전략　촉진　달성하다

2 다음 4P와 4C를 비교하는 표를 완성하십시오.

4P 1) ______________ 의 입장	4C 2) ______________ 의 시각
생산하는 제품	고객이 누리는 혜택
가격	3) ______________________
판매처	편의 시설
판매 촉진 활동	고객과의 4) ______________________

3 글의 내용과 같은 것을 고르십시오. (　　)

① 내적 요인이 마케팅 개념의 변화에 가장 큰 영향을 미친다.
② 4P 마케팅 전략은 소비자를 보다 더 적극적인 주체로 본다.
③ 전통적 마케팅 전략의 한계로 고객의 시각이 고려되기 시작했다.
④ 새로운 마케팅 시대를 맞아 소비자의 역할은 구매자로 제한된다.

4 이 글을 바르게 이해한 사람의 말을 고르십시오. (　　)

① "아직 정보의 양은 기업이 더 많이 차지하고 있대."
② "시대가 변해서 기업이 시장을 분석할 필요가 없대."
③ "기업이 살아남으려면 마케팅 가격을 낮추어야 한대."
④ "뉴 마케팅 시대에는 기업과 소비자가 공동 운명체래."

III. 정리해 봅시다

여러분이 알고 있는 마케팅 성공 사례가 있습니까? 성공 사례와 해당 전략을 같이 이야기해 봅시다.

06과

기업과 사회

2. 기업의 사회 공헌

MP3 / 14

• 학습 목표: 기업의 사회 공헌에 대한 이야기를 듣고 이해할 수 있다.

Ⅰ. 준비해 봅시다

1 여러분은 기업의 가장 중요한 사회적 역할이 무엇이라고 생각합니까?

일자리 창출	환경 보호
사회 공헌	연구 개발
국민 소득 기여	국가 재정 기여
가치 창출	외화 획득

2 여러분 나라에서 이미지가 좋은 기업은 어디입니까? 그 기업이 좋은 이미지를 갖게 된 이유나 계기는 무엇입니까?

공헌

II. 들어 봅시다

[1] 듣고 질문에 답하십시오.

1 들은 내용과 같은 것을 고르십시오. (　　)

① 공유 가치 창출은 기업의 기부 활동을 통해서 이루어져 왔다.
② 개인에 대해 경제적 도움을 제공하는 기업 활동이 더 필요하다.
③ 사회적 기업은 경제적 가치를 포기하고 사회적 가치를 추구한다.
④ 최근 기업의 사회 공헌 활동은 상생과 협력을 중요하게 생각한다.

[2~3] 듣고 질문에 답하십시오.

2 무엇에 대한 토론입니까? 토론의 주제를 쓰십시오.

____

3 두 사람의 의견을 정리하십시오.

김 부장	조 대표
기업은 봉사나 기부 같은 자선적 책임뿐만 아니라 1) ________, ________, ________ 책임을 갖고 있다.	경영주가 기업의 자금을 외부에 기부하는 것은 2) ________이/가 될 수 있다.
사회 문제 해결에 얼마나 기여했느냐, 기업의 3) ________을/를 얼마나 높였느냐가 기업의 사회 공헌 활동을 평가하는 핵심 기준이다.	사회 공헌 활동에 대한 과도한 지출이 기업의 4) ________을/를 떨어뜨릴 수 있다.
기본적으로 기업이 우리 사회를 위해서 꼭 해야 할 일이 무엇인지를 생각하고 있다.	기업은 경제적 가치 창출에 전문화된 기관이다. 기부나 봉사와 같은 자선 책임은 5) ________의 책임이다.

굴지　상생　수행　자선　이행하다　중대하다　거액　헌납　연대　질책
본연　외부　배임　치중하다　실질적　평판　면밀히　요　이윤　부합하다

[4~6] 다시 듣고 질문에 답하십시오.

4 들은 내용과 다른 것을 고르십시오. (　　)

① 기업이 법을 어긴 뒤 큰 금액을 기부하면 진정성을 오해받을 수 있다.
② 기업이 봉사를 하거나 기부를 하는 것은 꼭 지켜야 할 책임은 아니다.
③ 기업의 경영진이 기업 자산을 사회적 이익을 위해 쓰는 것은 당연하다.
④ 기업의 사회적인 평판을 개선하는 데에 사회 공헌 활동이 도움이 된다.

5 김 부장의 토론 태도에 대한 설명으로 맞는 것을 고르십시오. (　　)

① 상대방의 의견을 무시하고 자신의 견해를 일방적으로 말한다.
② 자신의 주장을 말하기 전에 상대방의 의견에도 동의를 표한다.
③ 자신의 주장과 반대되는 상대방의 의견에 대해 언급을 피한다.
④ 상대방 의견과 충돌하는 것을 우려해서 반론을 제기하지 않는다.

6 조 대표는 기업이 성장을 위해서 자금을 재투자하는 것이 어떻게 사회 전체의 이익이 된다고 설명했습니까? 빈칸을 채우십시오.

기업의 자금 재투자 → 1) ________ 창출 → 부가 가치 창출 → 이익 증가 → 2) ________ 증가 → 정부의 사회적 문제 해결

III. 정리해 봅시다

여러분이 기업의 사회 공헌 담당자로 일하게 된다면 어떤 활동을 기획해 보고 싶습니까? 사회 공헌 활동에 대한 아이디어를 이야기해 봅시다.

복습

MP3 / 15

다음 글을 읽고 질문에 답하십시오.

대부분의 사람들은 태어나서 죽을 때까지 성공한 삶을 기반으로 행복하게 살기를 원한다. 성공의 기준은 사람마다 다를 수 있겠지만 어쩌면 성공을 바라는 것은 인간의 본능일지도 모르겠다. 사람들이 추구하는 행복이 성공을 토대로 하는 것이라면 맡은 일이 무엇이든 실패하지 않고 성공에 이르러야만 한다. 성공을 주제로 한 책과 콘텐츠가 수없이 쏟아져 나오는 것도 성공해야 행복할 수 있다는 고정 관념 때문일 것이다. 필자가 생각하는 성공의 법칙을 소개하면 다음과 같다.

첫째, 자기 자신에 대한 통찰력을 가져야 한다. 다양성이 강조되는 21세기에는 무엇보다 자신이 좋아하는 한 가지 분야에서 전문적인 지식과 기술을 쌓은 사람이라야 성공할 확률이 높다. 따라서 자신이 무엇을 좋아하고 잘하는지에 대한 통찰력을 가져야 한다.

둘째, 자신의 인생 목표를 분명히 정해야 한다. 인생의 목표 없이 무조건 열심히 한다고 해서 성공이 찾아오지는 않는다. 인생의 목표점을 분명히 정하고 끊임없이 노력해야만 성공의 길에 도달할 수 있다.

셋째, 자신감과 긍정적인 사고방식을 가져야 한다. 자신에게 닥친 절체절명의 위기 속에서도 결코 포기하지 않고 '하면 된다', '한번 해 보자'라는 자세를 가지고 굳세게 나아간다면 위기를 기회로, 나아가 성공으로까지 이끌 수 있을 것이다.

넷째, 열정적인 태도를 가져야 한다. 열정은 자신감과 함께 성공을 위한 가장 중요한 요소이다. 혼신의 열정과 끊임없는 노력은 실패조차도 성공으로 변화시킨다. 세계적인 발명가 에디슨도 역사상 가장 많은 실패를 경험한 사람이다. 에디슨의 열정은 상상을 초월하는 실패의 아픔들을 이겨 내고 결국 전구를 발명하는 성공을 거두어 전 세계의 밤을 밝혔다.

한 번뿐인 인생을 살면서 우리 모두는 성공하기를 원한다. 그 성공이 어떤 사람에게는 부와 명예일 수도 있고 어떤 사람에게는 그저 평탄한 삶일 수도 있다. 그게 무엇이든 진정한 성공이 자아실현의 마지막 목적지가 될 것임에는 틀림없다.

1. 글쓴이가 말한 성공의 법칙을 요약하십시오.

2. 여러분은 어떻게 하면 성공할 수 있다고 생각합니까?

통찰력　절체절명　혼신　평탄하다

문화

청춘들의 간절한 꿈이 모여 있는 곳 노량진 학원가

수산 시장으로 유명한 서울 노량진에 가 보면 유독 학원 건물이 눈에 많이 띈다. 그리고 고시원과 독서실도 다른 지역에 비해 유달리 많다. 그런데 중·고등학생 입시 학원은 많지 않고 거리를 오가는 사람도 대부분 이삼십 대 청년인 것을 알 수 있다. 노량진은 이른바 고시생, 즉 청년 수험생의 메카라고 불리는 곳이다. 교사나 공무원, 그리고 전문 직업인이 되기 위해서 전국의 수많은 청년이 이곳에 몰려들어 학원에서 강의를 듣고 공부하면서 시험을 준비하고 있다.

노량진 학원가의 역사는 1980년대로 거슬러 올라가지만 당시에는 취업 전문 학원이 아닌 입시 학원 위주로 조성되었다. 그런데 도시 개발 과정에서 강남과 목동에 대규모 아파트 단지가 들어서고 명문 학군이 형성되면서 그 인근 지역을 중심으로 입시 학원이 번창하게 되었다. 그리하여 2000년대 이후에는 취업 준비 학원들이 노량진에서 주류를 이루게 되었다.

노량진의 고시생은 미래의 안정된 직업을 목표로 보통 하루 10시간 이상씩 공부에 전념하고 있다. 공부 외에 다른 것에 관심을 둘 여유가 없어서 그런지 대개 운동복에 슬리퍼 차림이다. 학원에서 수업을 듣고 독서실에서 혼자 공부하고 고시원에서 잠을 청하는 생활의 반복이다.

수입이 없는 고시생들은 끼니를 해결할 때도 싼 음식을 찾을 수밖에 없다. 고시생에게 가장 인기 있는 메뉴는 '컵밥'이다. 노량진에 가면 컵밥을 파는 길거리 가게가 즐비하게 늘어서 있는데 이곳을 '컵밥 거리'라고 부른다. 요즘 마트나 편의점에서 인기리에 판매되고 있는 컵밥의 원조가 바로 노량진에 있었던 것이다.

오늘도 노량진의 고시생들은 간절한 꿈을 이루기 위해서 '합격'이라는 두 글자를 향해 열심히 달려가고 있다.

1. 노량진 고시생의 하루 일과가 어떻습니까?
2. 여러분 나라에서는 젊은이들이 원하는 직업을 얻기 위해서 어떻게 준비합니까?

유달리　고시생　메카

7과

경제와 사회

1. 투자와 창업

MP3 / 16

• 학습 목표: 창업에 대한 이야기를 듣고 이해할 수 있다.

Ⅰ. 준비해 봅시다

1 여러분은 취업과 창업 중 어느 쪽을 선택하겠습니까? 그 이유는 무엇입니까?

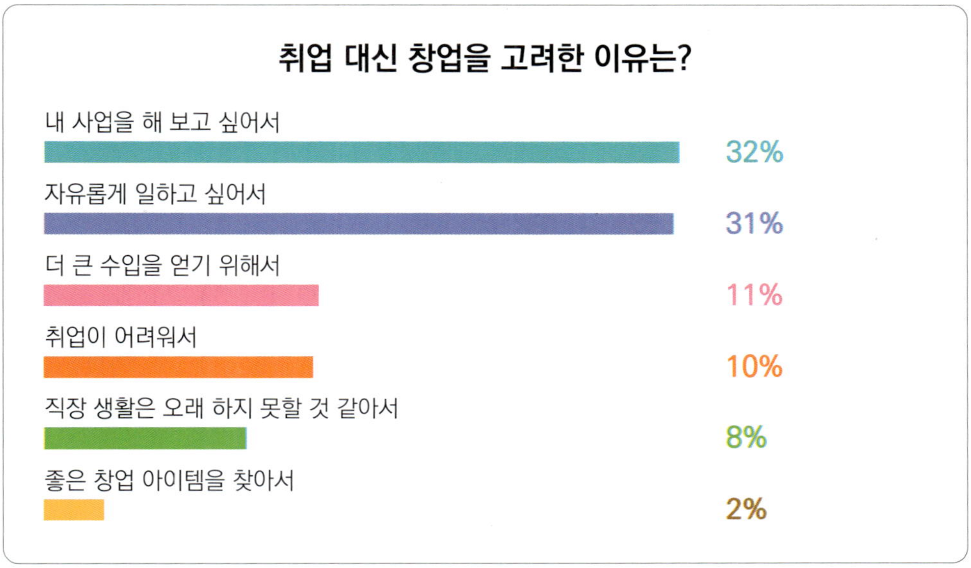

2 창업을 준비하는 사람이 갖추어야 할 자세에는 어떤 것이 있을까요?

혁신성 진취성

Ⅱ. 들어 봅시다

[1] 듣고 질문에 답하십시오.

1 남자에 대한 설명으로 맞는 것을 고르십시오. (　　)

① 책을 통해서 사업 관련 아이디어를 얻는다.
② 실력 있는 무명 디자이너의 옷을 판매한다.
③ 창업할 때 친구에게서 도움을 많이 받았다.
④ 창업에 대한 만족감이 높지 않아 힘들었다.

[2~3] 듣고 질문에 답하십시오.

2 강연의 제목으로 가장 알맞은 것을 고르십시오. (　　)

① 창업 기회 및 아이디어 증진 방법
② 효율적인 아이디어 플랫폼 활용 방법
③ 창업 아이디어 실현 가능성 검증 방법
④ 나에게 꼭 맞는 창업 아이템 탐색 방법

3 강연을 요약한 내용입니다. 빈칸에 알맞은 말을 보기 에서 고르십시오.

보기

① 법적 요건	② 무한 상상실	③ 실패의 위험
④ 성장 가능성	⑤ 경험이나 장점	

1. 창업 아이템 탐색 시 고려해야 할 점
   1) 업종의 ____________________
   2) 자신의 ____________________ 을/를 활용할 수 있는 업종
   3) 해당 업종의 ____________________
   4) ____________________

2. 아이디어 플랫폼 활용 가능
   예) 과학 기술 정보 통신부의 5) ____________________

[4~6] 다시 듣고 질문에 답하십시오.

4 제품의 생애 주기와 사례를 연결하십시오.

1) 도입기 ●	● 요즘 동전 노래방이 크게 유행해서 거리 곳곳에서 볼 수 있다.
2) 성장기 ●	● 일부 가게에서 팔던 특이한 빵이 에스엔에스를 통해 입소문이 나기 시작했다.
3) 성숙기 ●	● 외국에서 유행하고 있는 패션 아이템이 처음 국내에 들어왔다.
4) 쇠퇴기 ●	● 예전에는 과일 빙수 가게가 여기 저기 있었는데 인기가 떨어지면서 요즘 가게 수가 줄었다.

5 경쟁에서 우위를 점할 수 있는 자원이 아닌 것을 고르십시오. (　　)

① 1인 가족 기준의 소포장 제품
② 특정 지역에서 생산되는 커피
③ 새롭게 개발한 로봇 제작 기술
④ 자신만 아는 특별한 요리 비법

6 아이디어 플랫폼의 역할은 무엇입니까? 빈칸을 채우십시오.

1)________________을/를 구체화시키고 2)________________는/은/ㄴ 역할을 함.

III. 정리해 봅시다

창업을 한다면 어떤 아이템으로 하고 싶습니까?

시장성　이해관계자　탐색　생애 주기　도산　쇠퇴　신규　인허가　취득하다
희소성　도약

07과 경제와 사회

2. 국내외 경제 전망

MP3 / 17

• 학습 목표: 내년 경제 전망에 대한 글을 읽고 이해할 수 있다.

Ⅰ. 준비해 봅시다

1 올해 한국의 경제 상황은 어떤 것 같습니까? 내년에는 어떻게 될 것 같습니까?

한국 경제 성장률

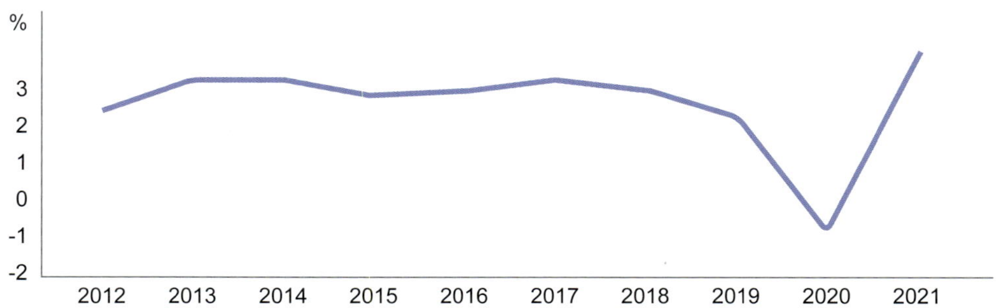

출처 KOSIS (한국은행, 국민계정)

2 여러분은 경제 용어를 얼마나 알고 있습니까?

경제 용어 퀴즈!

① 어떤 제품을 생산할 때 중간에 사용되는 재화를 말합니다. 예를 들어 자동차 생산 과정에서 사용되는 자동차 부품 같은 것이지요. 이것은 무엇일까요?

② 제품 생산에 사용되는 것 중에 토지와 노동 이외의 재화를 의미하는데요. 공장 건물이나 기계, 시설 같은 것이 있습니다. 이것은 무엇일까요?

③ 새로운 기업이 어떤 시장에 진입하는 데 방해가 되는 것입니다. 예를 들어 기존의 기업이 시장을 독점하고 있다면 새로운 기업에게는 ○○○○이 되겠지요. 이것은 무엇일까요?

④ 물가 상승을 유발하지 않고 달성할 수 있는 성장률을 의미하는 말은 무엇일까요?

⑤ 어떤 기업의 특정 상품 매출액이 그 상품의 국가 전체 매출액 가운데 차지하는 비율을 의미하는 용어는 무엇일까요?

정답 확인!

① 중간재 ② 자본재 ③ 진입 장벽 ④ 잠재 성장률 ⑤ 시장 점유율

II. 읽어 봅시다

다음 글을 읽고 질문에 답하십시오.

경제 협력 개발 기구(OECD)와 국제 통화 기금(IMF)은 내년도 한국 경제 성장률을 각각 2.3%와 2.2%로 전망했다. 이는 지난달 다수의 국내외 경제 관련 기관이 1% 후반대의 성장률을 보일 것이라고 전망한 것과는 다른 예측이다. 불과 한 달 사이에 한국 경제 성장률에 대한 전망이 달라진 가운데 한국 개발 연구원(KDI)의 김성호 실장을 만나 자세한 이야기를 들어 보았다.

질문1. 최근 한국 개발 연구원에서 내년 경제 성장률이 올해보다 높은 2.3%가 될 것이라고 발표했다. 이렇게 전망을 하게 된 배경은 무엇인가?

답변1. 현재 한국 경제는 수출과 투자가 부진한 것이 사실이다. 올 한 해 동안 세계 경제는 신흥국을 중심으로 경기가 상당히 위축되는 가운데 교역량이 감소하고, 그 영향이 한국의 제조업 침체로 이어진 상황이다. 그런데 최근 국제 통화 기금에서는 내년도 세계 경제 성장률이 3.0~3.4%로 조금 높아질 것으로 전망하고 있다. 특히 신흥국 경제가 활성화될 것으로 보고 있는데 그것이 한국의 제조업 회복에 영향을 미치면 한국 경제의 전반적인 성장세도 조금이나마 더 개선될 수 있을 것이다.

질문 2. 신흥국 경제 등 세계 경제의 성장세 개선이 한국 경제에 어떻게 영향을 주나?

답변 2. 신흥국 경기가 회복된다는 것은 한국의 주요 수출 품목인 자본재와 중간재의 수요가 많아진다는 것을 의미한다. 따라서 신흥국 성장세가 확대될 경우에 한국 제품에 대한 대외 수요가 늘어나기 때문에 한국 경제 성장세도 같이 좋아질 수밖에 없다.

질문 3. 일자리 문제에 국민들이 큰 관심을 가지고 있다. 내년 일자리 상황을 어떻게 보는가?

답변 3. 올해에는 정부의 일자리 관련 예산이 대폭 확충되면서 올 하반기까지 취업자 수가 20만 명 후반대로 늘어날 것으로 예상하고 있다. 경기 부진의 여파로 제조업 일자리가 감소했지만 서비스 부분의 고용이 확대되어 상당 부분 완충 역할을 해 주면서 전반적인 성장세를 유지하고 있고 이러한 취업자 수 증가세는 내년에도 어느 정도 이어질 것으로 예상하고 있다.

지배적　교역량　신흥국　제조업　확충　완충

질문 4. 최근 약 10년간 정부는 성장 추진력 확보와 지속적인 혁신에 많은 노력을 기울이고 있지만 성과가 뚜렷하게 나타나지 않았다. 한국 경제 성장을 위해 정부가 중장기적으로 무엇을 어떻게 해야 한다고 생각하는가?

답변 4. 중장기적인 관점에서 한국 경제는 인구 구조 고령화라는 특이 요인에다가 생산성 증가율 둔화라는 요인까지 겹치면서 잠재 성장률이 점차 하락할 것으로 예상되고 있다. 이러한 잠재 성장률의 점진적 하락을 방지하기 위해서는 시장에 대한 정부 규제를 완화하는 한편, 진입 장벽을 낮춤으로써 생산성이 높은 기업의 시장 점유율을 점차 늘려야 한다. 이 과정에서 경쟁력이 떨어지는 기업들은 자연스럽게 시장에서 퇴출되는 상황이 초래될 것이다. 산업 측면에서 보면 한국 경제는 그동안 제조업과 수출을 중심으로 성장해 왔는데 앞으로는 서비스 산업의 중요성이 점차 높아질 전망이다. 현재 한국의 서비스 산업은 제조업에 비해서 생산성이 상당히 낮은 것으로 알려져 있다. 서비스 산업을 발전시켜서 이 분야의 부가 가치를 올리는 것이 성장 잠재력 확충의 핵심이라고 볼 수 있다. 현재 한국 개발 연구원에서는 의료, 관광, 문화, 예술 등 7대 서비스 산업을 유망 업종으로 선정했고 이들 업종을 발전시키기 위한 정책 방안을 연구 중에 있다.

1 내년도 경제 전망으로 맞는 것을 고르십시오. (   )

① 세계 경제 성장률은 낮아지지만 한국 경제는 성장할 것이다.
② 국제 교역량의 감소로 인해 한국의 제조업이 침체될 것이다.
③ 한국의 서비스 산업이 제조업에 비해 생산성이 둔화될 것이다.
④ 신흥국 경제가 회복되면서 한국 경제 성장세도 증가할 것이다.

2 이 글의 내용과 다른 것을 고르십시오. (   )

① 교역량은 한국 경제에 많은 영향을 미친다.
② 수출 및 제조업의 중요성이 높아질 것이다.
③ 올해 서비스 산업 분야의 고용이 증가했다.
④ 내년도 한국 경제 성장률 전망이 바뀌었다.

초래되다　부가 가치

3 중장기적으로 한국 경제의 잠재 성장률 하락에 영향을 미치는 요인을 쓰십시오.

1) ______________________________

2) ______________________________

4 한국 경제 성장을 위해서 필요한 것이 무엇인지 모두 고르십시오. (　　,　　)

① 경쟁을 통해 생산성이 좋은 기업을 성장시킨다.
② 경쟁력이 약한 기업이 도산하지 않게 보호한다.
③ 서비스 산업을 발전시키기 위한 방안을 찾는다.
④ 정부는 시장에 대한 여러 규제 정책을 마련한다.

정리해 봅시다

여러분 나라의 경제 상황은 어떻습니까? 내년에는 어떻게 될 것 같습니까?

08과 정치와 사회

1. 선거와 투표

MP3 / 18

• 학습 목표: 선거의 역사에 대한 글을 읽고 이해할 수 있다.

Ⅰ. 준비해 봅시다

1 여러분은 투표를 해 본 적이 있습니까? 어떤 투표였습니까?

2 선거의 4대 원칙을 아십니까?

보통 선거	평등 선거	직접 선거	비밀 선거
신분, 성별, 재산 등으로 인해 선거권의 제한을 받지 않는다.	선거인은 누구나 한 표를 행사할 수 있다.	직접 투표소에 가서 투표해야 한다.	누구에게 투표했는지 공개하지 않는다.

II. 읽어 봅시다

다음 글을 읽고 질문에 답하십시오.

선거일이 되면 일정한 연령 이상의 사람은 누구나 재산, 성별, 신분, 학력 등에 관계없이 자신이 원하는 후보에게 투표함으로써 한 표의 권리를 행사할 수 있다. 오늘날 많은 국가에서 보편적으로 실시되는 이러한 선거는 긴 투쟁과 발전의 역사를 거쳐 지금과 같은 형태로 자리 잡았다. 현대의 선거는 정치적 의사를 결정하는 방식 중 하나로서 국민의 의견을 간접적으로 정치에 반영하는 역할을 한다. 그렇다면 인류는 언제부터 선거제를 실시했으며 선거와 투표 방식은 어떻게 변화해 왔을까?

선거의 원형은 고대 그리스에서 찾아볼 수 있다. 도시 국가 아테네에서는 법과 정책을 만들고 법적 판결을 내리는 사람을 모두 제비뽑기 방법으로 선출했다. 그리고 이렇게 선출된 공무원의 임기를 1년으로 제한하고 재임을 막아 최대한 많은 수의 시민을 정치에 참여시키는 방법으로 평등의 원칙을 지켰다. 하지만 여성과 노예에게는 참정권이 주어지지 않아 현대의 관점에서 보면 완전한 평등은 아니었다.

로마 시대로 접어들면서 선거는 정치의 역사에서 사라졌다가 18세기 프랑스 대혁명 이후 다시 등장해 현대적 선거제로서 첫발을 내딛는다. 프랑스 국민이 혁명을 통해 왕정을 무너뜨린 후에 모든 권력은 민중에게서 나온다고 선언하고부터 민중의 뜻을 가장 효과적으로 반영할 수단으로서 1인 1표제가 정치에 도입되었다. 그러나 그 후 20세기가 되기까지 선거권을 가지는 시민의 지위는 제한되었으며, 누구나 동등하게 한 표를 행사하는 보통 선거가 치러진 기간은 약 100년에 불과하다.

현대적 선거제의 도입 초기에 서양의 많은 국가에서는 어느 정도 이상의 재산이 있는 백인 성인 남성에게만 투표권이 부여되었다. 선거와 정치 참여에서 배제된 이들은 투표권을 얻기 위해 처절한 싸움을 해야 했다. 대표적인 사례로 에밀리 와일딩 데이비슨(Emily Wilding Davison)의 죽음을 들 수 있다. 그녀는 1913년 6월 4일 영국 런던에서 열린 경마 대회에서 '여성에게 참정권을!'이라고 외치며 국왕이 탄 말 앞으로 뛰어들었고 빠른 속도로 달리던 말과 부딪쳐 중태에 빠졌다. 데이비슨은 나흘 뒤 세상을 떠났는데 이에 분노한 여성들이 장례식장에 몰려들어 여성 참정권을 얻기 위한 대규모 시위를 벌였다. 그 후로도 여성 참정권 운동이 꾸준히 이어진 끝에 영국은 1928년에야 비로소 보통 선거를 실시하게 되었다.

행사하다　투쟁　제비뽑기　선출　재임　참정권　프랑스 대혁명　왕정　민중
선언　처절하다　헌법　개정

21세기에 들어선 후에도 고대 아테네에서처럼 제비뽑기의 방법으로 정치 실험을 시도한 사례가 있다. 2010년 아이슬란드에서는 헌법 개정을 위해 시민 의원 950명을 제비뽑기로 뽑았고, 2013년 아일랜드에서는 헌법 조항을 검토할 시민 66명을 제비뽑기로 뽑았다. 그 밖에 캐나다, 네덜란드, 덴마크에서도 각 주의 주민 대표를 제비뽑기로 선출하는 실험을 했다. 이러한 정치 실험은 소수의 엘리트가 권력을 독차지하는 것을 막고 여론을 정치권에 제대로 전달하려는 취지에서 비롯되었다. 또한 누구나 지니고 있는 스마트폰을 이용해 간접 민주주의의 단점을 극복하려는 실험도 진행된 바 있는데, 모바일 앱을 이용해서 정책이나 법안에 대해 심사하고 찬반 투표를 진행한 후 의사를 결정하는 방식이었다. 이렇듯 다양한 시도 속에서 선거제는 지금보다 더 완전한 제도가 되기 위한 변화를 계속하고 있다.

1 선거제의 변화 과정을 정리한 표입니다. 빈칸을 채우십시오.

시기	특징
고대 그리스 시대	1) ________ 을/를 통해 공무원 선출 2) ________ 에게는 투표권 없음.
18세기 프랑스 혁명 이후	3) ________ 을/를 정치에 도입 4) ________ 을/를 가지는 5) ________ 의 지위 및 성별 제한
20세기	많은 투쟁 끝에 6) ________ 실시
21세기	제비뽑기, 7) ________ 투표 등 새로운 정치 실험

2 이 글의 내용과 같은 것을 고르십시오. (   )

① 프랑스 대혁명을 계기로 현재와 동일한 선거제가 정착되었다.
② 아테네에서는 선거권을 가지는 시민의 지위에 제한이 없었다.
③ 선거제의 단점을 극복하기 위한 노력은 지금도 계속되고 있다.
④ 데이비슨은 경마 대회 사고 이후 여성 참정권 운동을 시작했다.

엘리트　독차지하다

3 아테네에서 공무원의 임기를 1년으로 제한하고 재임을 막은 이유는 무엇입니까? 빈칸을 채우십시오.

1) ____________________ 어서/아서/여서 2) ____________________ 을/를 지키기 위해

4 현행 선거제에 대한 설명으로 맞지 않는 것을 고르십시오. (   )

① 많은 나라에 보통 선거가 정착되었다.
② 제비뽑기의 대안으로 역사에 등장했다.
③ 국민들의 의견을 정치에 반영할 수 있다.
④ 엘리트가 권력을 독차지하는 단점이 있다.

Ⅲ. 정리해 봅시다

가능한 새로운 선거 형태에 대해서 이야기해 봅시다.

08과 정치와 사회

2. 한국의 정치 제도

MP3 / 19

• 학습 목표: 삼권 분립과 대통령제에 대한 이야기를 듣고 이해할 수 있다.

Ⅰ. 준비해 봅시다

1 여러분 나라를 대표하는 사람은 누구이며 어떤 활동을 합니까?

외교 활동

국가 주요 정책 검토

국군 지휘

국무총리, 대법원장 등 정부 주요 인사 임명

2 여러분 나라와 한국의 정치 제도는 어떤 점이 다릅니까?

군주제
왕이 있는 국가

- **절대 군주제**
  왕이 권력을 가지고 나라를 다스림.
- **입헌 군주제**
  왕은 상징적인 존재로 권력이 없음.

공화제
국민이 뽑은 대표가 정치를 하는 국가

- **대통령제**
  대통령이 정부의 대표가 됨.
- **의원 내각제**
  국회 다수당이 정권을 잡음.

Ⅱ. 들어 봅시다

[1] 듣고 질문에 답하십시오.

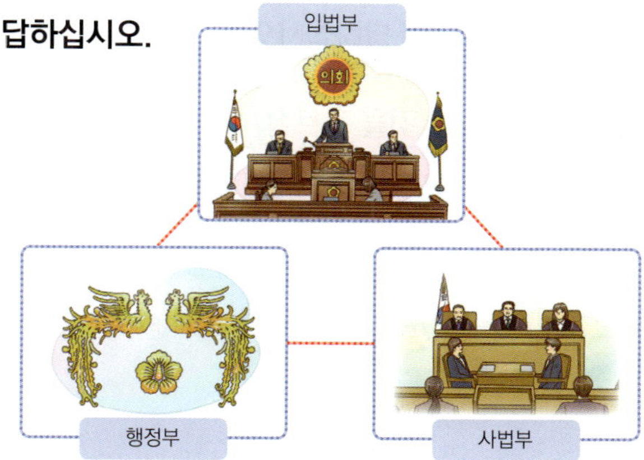

1 삼권 분립에 대한 설명으로 맞는 것을 고르십시오. (　　)

① 고등법원은 한국 최고의 사법 기관이다.
② 입법부는 행정부를 감시하는 역할을 한다.
③ 국무총리는 국무회의를 주재하는 역할을 한다.
④ 국정 운영자의 업무량을 줄이기 위한 제도이다.

[2~3] 듣고 질문에 답하십시오.

2 무엇에 대한 토론입니까? 토론 주제를 쓰십시오.

1) ________________ 을/를 2) ________________ 으로/로 개정해야 하는가?

3 양측의 주장과 그에 대한 근거를 보기 에서 고르십시오.

김 교수		박 의원	
주장: 1) ________	근거: 2) ________	주장: 3) ________	근거: 4) ________

보기

① 대통령 5년 단임제에 찬성　　② 대통령 4년 중임제에 찬성
③ 국민이 원하는 정책은 지속하고 원하지 않는 정책은 중단할 수 있는 좋은 제도임.
④ 대통령에게 권력이 집중되어 있는 상황에서 대통령이 계속 바뀌면 정책의 지속성과 연속성이 사라짐.

휘두르다　집행　권한　주재하다　분쟁　독재　막강하다　결실　원점
종식시키다　인사권　통치력　유력　대선 주자

[4~6] 다시 듣고 질문에 답하십시오.

4 여자의 태도로 알맞은 것을 고르십시오. (　　)

① 실제 사례를 근거로 남자의 주장을 반박하고 있다.
② 청중의 동의를 구하면서 남자의 주장에 맞서고 있다.
③ 조사 결과를 설명하면서 남자의 논리 부족을 지적한다.
④ 남자의 주장을 일부 수용하면서 개선 방안을 제시한다.

5 대통령 5년 단임제에 대한 설명으로 맞는 것을 고르십시오. (　　)

① 국민 33.3%가 이 제도에 반대한다.
② 한국과 미국 등에서 시행되고 있다.
③ 독재 정치를 막기 위해 채택되었다.
④ 정책 개선이 어렵다는 단점이 있다.

6 들은 내용과 같은 것을 고르십시오. (　　)

① 한국에 적합한 정부 형태는 대통령 4년 중임제이다.
② 정치 제도가 달라져도 같은 문제가 발생할 수 있다.
③ 국가의 주요 정책은 대통령이 함부로 바꿀 수 없다.
④ 한국 대통령은 임기 후반기까지 강한 권력을 가진다.

III. 정리해 봅시다

여러분은 어느 쪽이 더 바람직하다고 생각합니까? 그 이유는 무엇입니까?

복습

MP3 / 20

다음 글을 읽고 질문에 답하십시오.

정치 성향

개인의 정치 성향은 투표권 행사 시 많은 영향을 미친다. 대통령이나 국회의원 같은 정치인을 뽑을 때 후보자의 공약이나 자질보다 진보 정당 후보인지 보수 정당 후보인지를 기준으로 선택하는 경우는 생각보다 많다. 사람마다 정치 성향이 다른 것을 과학적인 근거를 가지고 설명할 수 있을까?

미국의 한 대학 연구팀이 어린이 708명을 대상으로 부모의 훈육 방식과 그 아이들이 성인이 됐을 때의 정치 성향을 조사한 결과, 부모의 훈육 방식에 따라 아이의 정치 성향이 결정된다는 사실을 밝혀냈다. 권위적인 훈육 방식을 가진 부모의 아이는 보수적인 성향이 강한 성인으로 자라고, 반대의 경우에는 아이가 진보적인 성향으로 자랄 가능성이 크다고 한다. 이렇게 성장 환경에 따라 결정되는 정치색은 만 18세가 되면서부터 드러나는 것으로 나타났다.

정치 성향을 결정하는 또 다른 요인 중 하나는 뇌 구조이다. 뉴욕 대학 심리학과 연구팀은 '정치적 성향 차이는 갈등 상황에 반응하는 방식 차이에서 비롯된다'는 가정을 하고, 실험 참가자 43명의 뇌파를 기능성 자기 공명 영상(fMRI) 장치로 분석했다. 그 결과 진보주의자의 뇌는 전측 대상피질이라고 불리는 영역이 보수주의자의 뇌보다 두 배 더 활성화되는 것을 알 수 있었다. 전측 대상피질은 낯선 상황에서 예전에 했던 행동을 계속할지 아니면 변화를 받아들일지를 결정하는 '갈등 처리' 영역이다. 진보주의자의 뇌가 변화를 능동적으로 받아들이는 반면 보수주의자의 뇌는 익숙한 습관을 따르는 경향을 보인 것이다.

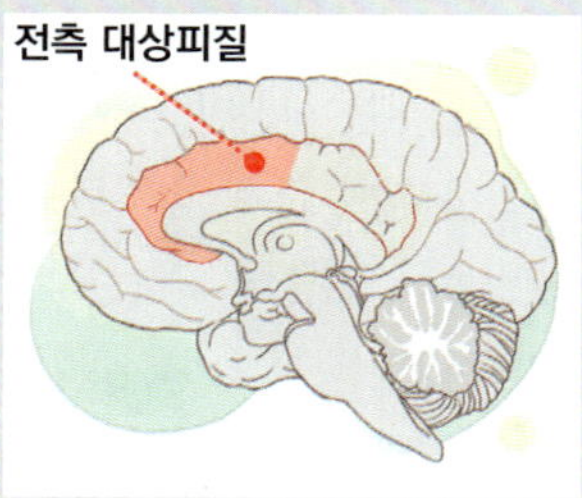

이렇듯 개인이 자라 온 환경과 뇌의 구조 등에 따라 결정되는 정치 성향은 쉽게 바뀌지 않는다. 그러므로 보수 진영과 진보 진영이 서로의 사고방식을 바꾸려 애쓰기보다 상대방의 가치관을 인정하며 경쟁할 때 건전하고 균형 잡힌 사회를 더 잘 만들 수 있을 것이다.

1. 정치 성향에 영향을 미치는 두 가지 요인은 무엇입니까?
2. 여러분이 가진 정치 성향에도 이러한 요인이 작용했다고 생각합니까?

정치색

전통 시장의 새로운 바람, 청년몰

전통 시장이 대형 마트만 못하다는 생각은 모두 옛이야기가 되었다. 최근 전통 시장은 대형 마트와는 다른 감성으로 사람들의 관심을 끌고 있다. 이렇게 사람이 모이는 전통 시장엔 어김없이 꿈을 키워 가고 있는 청년 상인들이 있다. 바로 청년몰에 모인 젊은이들이다. 2016년부터 청년 상인의 창업 지원과 신규 고용 창출을 목적으로 시작된 청년몰 사업이 전통 시장에 새 바람을 일으킨 것이다.

청년몰 사업은 다음과 같은 절차로 이루어진다. 먼저 시장 상인들이 시장 내 유휴 공간을 찾아 중소 벤처 기업부에 청년몰 사업지 신청을 한다. 중소 벤처 기업부는 신청받은 장소를 심사해서 사업 대상지를 선정하는데 이곳에 입점하게 되는 청년들은 창업 교육, 임차료·인테리어 비용 지원 등 창업에 필요한 제반 사항을 정부로부터 지원받는다. 청년들에게는 창업 자금이, 전통 시장엔 젊은 감각이 생기니 양쪽 모두에게 이익인 셈이다.

대표적인 예로는 서울 마포 망원시장이나 평택 통복시장 청년숲이 있다. 망원시장은 1970년대 초에 생긴 전통 시장인데, 2017부터 2019년 사이에 문화 관광형 시장 육성 사업을 통해 마포를 대표하는 '젊은 시장'으로 거듭났다. 2017년 6월 말 개장한 평택 통복시장 청년숲의 경우는 다양한 먹거리와 문화 시설이 공존하는 복합 공간으로, 개장 한 달여 만에 하루 평균 방문자 수가 주말 기준 2,000명을 넘겼다. 한때 통복시장은 주단 사업으로 번화했었으나 주단 사업이 사양길을 걸으면서 속속 빈 점포들이 생겨나 삭막하게 변하였다. 하지만 청년숲 사업으로 밝고 생기가 넘치는 복합 문화 공간으로 거듭난 것이다.

전통 시장은 청년몰을 통하여 새로운 꿈을 꾸고 있다. 앞으로도 청년몰이 청년에게는 새로운 시작의 기회로, 전통 시장에는 대형 마트와 구별되는 매력적인 공간으로 자리 잡기를 기대한다.

1. 청년몰 사업은 무엇을 목적으로 시작되었습니까?

2. 여러분 나라의 시장은 최근 어떻게 달라지고 있습니까?

어김없다 유휴 입점하다 제반 주단 사양길 삭막하다

09과 교육과 사회

1. 대학 교육

MP3 / 21

• 학습 목표: 대학 교육에 대한 글을 읽고 이해할 수 있다.

I. 준비해 봅시다

1 대학이 미래를 위한 인재 교육을 잘하고 있다고 생각합니까? 현재 대학 교육에 어떤 문제가 있다고 생각합니까?

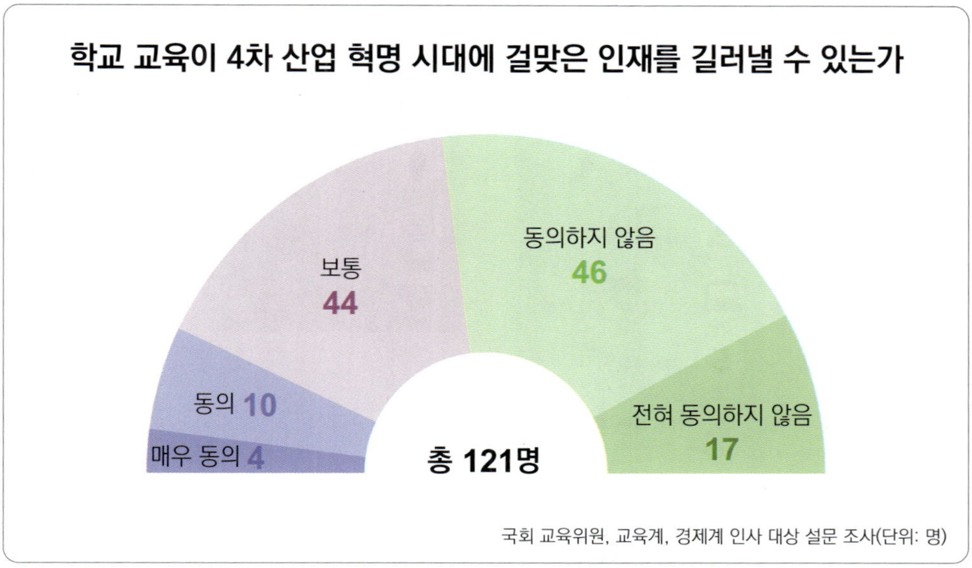

2 미래 사회에 잘 적응하려면 어떤 능력이 더 필요할까요? 그 이유는 무엇입니까?

다음 글을 읽고 질문에 답하십시오.

세계 경제 포럼(WEF)은 2015년 발표한 『교육의 새로운 비전』에서 2020년 이후 4차 산업 시대에 요구되는 능력을 '기본 지식', '역량', '인성'으로 나누어 총 16가지를 제시했다.

기본 지식

학생들이 일상생활에서 핵심 기술을 어떻게 적용시키는지

- 01 문해 능력
- 02 수리 능력
- 03 과학 지식
- 04 컴퓨터 / 정보 처리 지식
- 05 재정 지식
- 06 시민·문화 지식

역량

학생들이 복잡한 도전 사항들에 대해서 어떻게 대처하는지

- 07 비판적 사고와 문제 해결 능력
- 08 창의력
- 09 의사소통
- 10 협업 능력

인성

학생들이 그들의 변화하는 환경에 대해서 어떻게 대처하는지

- 11 호기심
- 12 주도성
- 13 일관성/도전 정신
- 14 적응력
- 15 리더십
- 16 사회·문화적 감수성

출처: 세계 경제 포럼

우선 '기본 지식'은 전통적으로 대학에서 이미 가르쳐 왔던 것으로 다음 단계의 능력을 키우는 출발점이다. 그런데 한두 분야의 지식을 강조했던 과거와 달리 그 범위가 컴퓨터/정보 처리 지식, 재정 지식 등 학문의 전 분야로 확대되고 다양화되었다. 다음으로 '역량'은 복잡한 도전 사항을 해결하는 능력으로 정의된다. 역량을 키우기 위해서는 교육을 통해 비판적 사고와 창의력을 육성해야 한다고 봤는데, 이는 기본 지식에 대한 깊이 있는 학습과 지식 간의 연결을 통해 다양한 관점을 갖추는 것이 중요하다는 의미이다. 또 의사소통과 협업 능력 또한 필수 역량으로 요구된다. 개인이 갖출 수 있는 지식과 관점의 한계를 극복하고 다양성을 확보하기 위해서는 타인과의 원활한 연결이 중요하기 때문이다. 마지막으로 '인성'은 급변하는 환경과 상황에 대응하는 회복력의 원천인데 한마디로 변화 대응력과 회복 탄력성을 의미한다. 이로써 세계 경제 포럼에서 제시한 미래 인재의 특징을 정리하면 6가지 기본 지식은 '다양성'으로, 4가지 역량은 '연결성'으로, 6가지 인성은 '회복력'으로 요약된다.

재정 정의되다 사고 육성하다 탄력성

그렇다면 미래 인재의 특징인 '다양성', '연결성', '회복력'을 교육하기 위해 대학은 어떤 방향으로 혁신되어야 할까? 대학은 학생들에게 적어도 둘 이상의 전공 분야에 대해 깊이 이해할 수 있는 학습 기회를 제공하고 문제를 바라보는 다양한 시각을 가르쳐야 한다. 또 개별 대학과 학과는 다양한 역량을 갖춘 인재를 산업계에 제공해야 한다. 유사한 교육 과정을 통해 비슷비슷한 특징을 가진 학생들을 배출할 것이 아니라 대학별, 학과별로 차별화된 강점을 가진 인재를 배출해야 한다.

개인화된 교육도 절실하다. 석사 이상의 전문성을 지향하는 학생인지 취업을 지망하는 학생인지에 따라 교육 내용에 차이를 두어야 하고, 개인의 역량과 특성에 따라 교육 효과를 극대화하기 위한 맞춤형 교육도 시행해야 한다. 이와 함께 문제 해결 능력을 키우는 학습 환경도 제공되어야 한다. 정답이 없는 과제를 다양한 배경을 가진 팀원이 함께 해결해 보는 학습 방법 등이 바람직하다.

직업 교육의 미래를 위해서는 평생 교육의 강화가 중요하다. 대학을 졸업한 인재들이 평생 교육을 통해 변화하는 산업 환경에 필요한 새로운 업무 역량을 키울 수 있어야 한다. 평생 교육은 앞으로 진학 인구의 감소로 골머리를 앓고 있는 국내 대학의 새로운 임무가 될 수 있다.

한편 교양 교육의 변화도 필요하다. 지식 전수 중심의 교양 교육이 아닌 비판적, 창의적 사고력을 강화하고 복잡한 문제의 추론 능력을 배양해 주는 새로운 교양 교육이 제공되어야 한다. 컴퓨터와 인공 지능이 잘 해낼 수 있는 지식 암기와 패턴 인식보다 인간이 더 잘할 수 있고 정형화하기 어려운 창의력, 비판적 사고 능력, 소통 능력, 협업 능력을 강화할 수 있도록 교양 교육을 개편해야 한다.

전통적인 인문 교양 교육은 컴퓨터와 로봇이 많은 분야에서 인간의 업무를 대체할 미래에 더욱 중요해질 것으로 예상된다. 학습은 노동이 감소할 미래에, 노동을 통해 존재의 의미와 삶의 가치를 느껴 왔던 인간에게 존재 이유를 부여할 새로운 대안이다. 미래에는 실용적 가치보다는 학습 그 자체를 목적으로 한 인문학 중심의 교양 교육이 중요한 의미를 가지게 될 것이다. 1852년 존 헨리 뉴먼이 『대학의 이념』에서 인문 교양은 그 자체가 목적이라고 한 주장, 1916년 소스타인 베블런이 『미국의 고등 교육』에서 학습은 본질적으로 여가 활동이라고 한 주장과 일맥상통한다.

4차 산업 혁명이 장기적으로 인간 삶의 질을 향상시킬 것이라는 긍정적 미래를 실현하기 위해 대학이 기여할 부분은 무엇일까? 그것은 4차 산업 혁명의 핵심 기술에 대한 연구 개발과 4차 산업 혁명이 가져올 변화를 반영한 교육의 혁신만큼, 중세 대학부터 이어져 온 인문 교양 교육을 보존하고 강화하는 것이다. 미래에는 다양한 연령대의 학생들이 대학 교육을 통해 인성을 고양하고 인간의 존엄성을 유지하는 것이 중요해질 것이며, 대학의 원형이었던 학문하는 자치 공동체가 미래 대학의 주류 모델 중 하나가 될 것이다. 역사는 반복된다.

(출처: 허준, 『대학의 과거와 미래』(일부 재구성))

차별화되다　절실하다　지향하다　극대화하다　골머리를 앓다　전수　추론
정형화하다　자체　본질적　일맥상통하다　고양하다　주류

1 각 단락의 중심 내용을 찾아서 연결하십시오.

1) 첫 번째 단락 ●	● 대학 교육의 혁신 방향
2) 두 번째 단락 ●	● 교양 교육의 변화 방향
3) 세 번째 단락 ●	● 전통적 인문 교양 교육의 중요성
4) 네 번째 단락 ●	● 4차 산업 혁명 시대와 대학의 역할
5) 다섯 번째 단락 ●	● 미래 인재의 세 가지 능력과 그 특징
6) 여섯 번째 단락 ●	● 학생 개인의 요구와 특성에 따른 교육
7) 일곱 번째 단락 ●	● 평생 교육의 강화와 대학의 새로운 역할
8) 여덟 번째 단락 ●	● 세계 경제 포럼이 제시한 4차 산업 시대에 필요한 16가지 능력

2 4차 산업 시대에 요구되는 능력을 정리하십시오.

3가지 능력	특징
기본 지식	1) ______________________
역량	2) ______________________
인성	3) ______________________

3 글의 내용과 같은 것을 고르십시오. (   )

① 협력하는 능력을 키우면 복잡한 도전 과제에 대한 해결 능력이 향상된다.
② 학과마다 유사한 교육 과정을 개발해 학생들의 선택지를 늘려야 한다.
③ 미래는 로봇 시대이기 때문에 인문 교양 교육은 설 자리가 없어질 것이다.
④ 급변하는 산업계 요구를 수용하는 맞춤형 교육으로 교육 효과를 높일 수 있다.

4 직업 교육에 있어서 평생 교육의 중요성이 커지는 이유는 무엇입니까? 이 글에서 찾아 쓰십시오.

____

____

III. 정리해 봅시다

여러분은 앞으로 대학 교육의 형태와 방식이 어떤 식으로 달라질 거라고 생각합니까? 효율적인 교육 방식에 대해서 이야기해 봅시다.

교육과 사회

2. 평생 교육의 시대

MP3 / 22

• 학습 목표: 평생 교육에 대한 이야기를 듣고 이해할 수 있다.

Ⅰ. 준비해 봅시다

1 여러분은 언제 평생 교육의 필요성을 느낍니까? 누구에게 어떤 평생 교육 프로그램이 도움이 될까요?

2 여러분 나라에서는 어떤 방식으로 평생 교육의 기회를 가질 수 있습니까? 그 제도나 프로그램에 대해서 이야기해 보십시오.

평생교육바우처 LIFELONG EDUCATION VOUCHER 평생교육 희망카드 가맹점

연세대학교 미래교육원

국가평생교육진흥원 National Institute for Lifelong Education

Seoul Lifelong Learning Portal 서울시평생학습포털

Ⅱ. 들어 봅시다

[1] 듣고 질문에 답하십시오.

1 들은 내용과 같은 것을 고르십시오. (   )

① 할머니는 중국 여행을 가기 전에 중국어를 배우고 싶어 하신다.
② 지수는 서울시 평생 학습 포털 사이트에서 자격증 강의를 듣는다.
③ 지수는 할머니를 위해 평생 학습 포털 사이트에 회원 가입을 했다.
④ 할머니는 서울 시민이 아니기 때문에 무료로 강의를 들을 수 없다.

서울시민대학
서울특별시
Seoul Lifelong Learning Portal
서울시평생학습포털

[2~3] 듣고 질문에 답하십시오.

2 이야기를 듣고 알 수 없는 내용을 고르십시오. (   )

① 시민 대학의 설립 계기
② 시민 대학의 전공 분야
③ 시민 대학의 운영 목적
④ 시민 대학의 학위 구성

3 다음 내용을 정리하십시오.

서울 시민 대학의 설립 배경	
시대적 배경과 인식의 변화	고령 사회로 진입, 1) ________ 시대 도래 → 2) ________ 에 대한 시민들의 요구 증대
학교 교육의 문제와 한계	• 높은 교육열로 기초 3) ________ 은/는 높아졌지만 배움에 대한 4) ________ 상실 • 시대 변화에 부응하지 못하는 학교 교육 5) ________ 의 한계 → 6) ________ 자체에 대한 본질적인 변화 필요

와닿다 지성 교양 진입하다 꾀하다 권역별 연계 연령층 학연 진정
차별성 수여하다 부여 성찰 일원 주역

[4~6] 다시 듣고 질문에 답하십시오.

4 서울 시민 대학에 대한 설명으로 맞는 것을 고르십시오. (   )

① 학습장이 마련되어 있어서 현장 강의를 들을 수 있다.
② 고등학교 졸업 이상의 학력이 있어야 입학이 가능하다.
③ 인문학이나 예술 분야를 접할 수 있는 사교육 기관이다.
④ 개인의 지적 만족보다는 시민 의식 조성에 관심이 있다.

5 방송 내용을 잘못 이해한 사람의 말을 고르십시오. (   )

① "나도 시민 대학에 등록해서 성숙한 서울 시민이 되어야지."
② "시민 대학에서 전문 자격증을 따면 취업에 도움이 될 거야."
③ "사실 나는 공부에 흥미를 잃었었는데 한번 시작해 봐야겠다."
④ "명예 시민 학위도 준다니까 열심히 수업에 참여해야 되겠다."

6 이 교수가 시민 대학을 진정한 의미의 대학답다고 느낀 이유는 무엇입니까? 쓰십시오.

____

정리해 봅시다

여러분은 시민 대학에서 무엇을 공부하고 싶습니까? 그것을 배우는 과정에서 어떤 즐거움을 느끼고 나눌 수 있을지 이야기해 봅시다.

10과 역사와 유래

1. 지명과 유래

MP3 / 23

• 학습 목표: 지명의 유래에 대한 글을 읽고 이해할 수 있다.

Ⅰ. 준비해 봅시다

1 서울의 동 이름에 대한 유래를 읽고 '구로동'의 의미를 추측해 보십시오.

연희동: 현재 연세대학교가 위치한 곳에 연희궁이 있었기 때문에 생긴 지명이다.

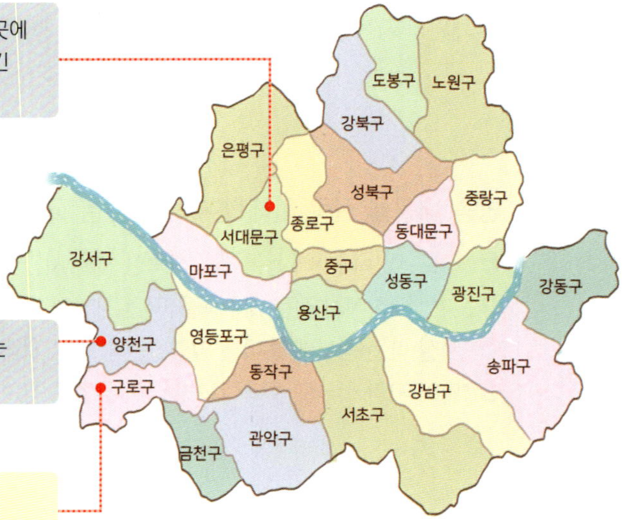

염창동: 옛날 이곳에 소금을 보관하는 창고가 있었다.

구로동: ?

2 여러분 나라에 특별한 유래를 가진 지명이 있습니까?

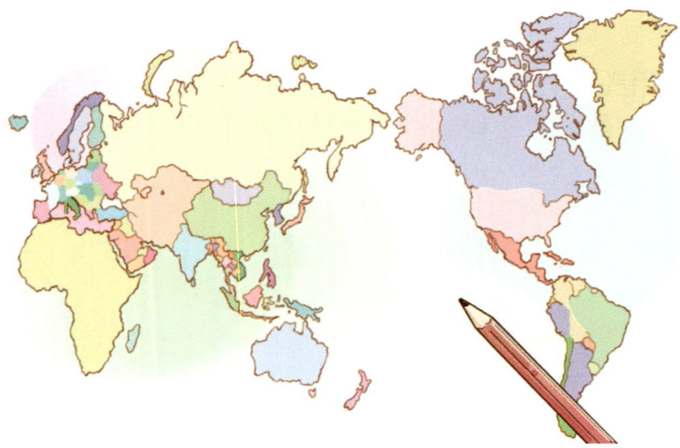

지명

Ⅱ. 읽어 봅시다

다음 글을 읽고 질문에 답하십시오.

동은 지방 행정의 가장 기본적인 단위로서 선거구를 나누는 기준이 되기도 한다. 이러한 동이 모여서 구가 되고 구가 모여서 다시 시를 이룬다. 그렇다면 서울시에는 얼마나 많은 구와 동이 있을까? 2022년 1월 기준, 서울시는 25개 구, 426개 동으로 나뉘었다. 각각의 동 이름을 들어 보면 제법 익숙한 것도 있지만 서울에 이런 곳이 있었나 할 만큼 아주 생소한 곳도 있다. 각 지역의 특색만큼이나 다양한 동 이름. 400개가 넘는 그 많은 동 이름은 어떻게 붙여진 것일까?

사실 동의 이름을 짓는 방법이 정해져 있지는 않다. 하지만 서울시에 있는 동 이름의 의미를 살펴보면 크게 세 가지 특징으로 나뉘는데 첫 번째는 그 지역의 지리적, 위치적 특징에 따라 이름을 짓는 경우다. 지역의 지리적 모습이나 근처의 큰 산과 강, 때로는 중요한 건물을 중심으로 이름을 짓는 경우가 이에 해당한다. 지역 모양을 본떠서 이름을 지은 경우로는 우이동이 대표적인데 우이동에 있는 삼각산 봉우리 모습이 소의 귀(牛耳)와 닮았다 하여 우이동이라 불리게 되었다. 한남동과 공항동은 근처의 중요한 지형지물을 이용하여 이름을 지은 경우인데 한남동은 한강의 남쪽에 위치하여 한남동으로 불리게 되었다. 공항동은 전에는 송정리라고 불렸지만 김포공항이 세워지면서 공항동으로 이름이 변경되었다.

두 번째로 지역의 환경적 특징을 기준으로 이름을 붙이는 경우가 있다. 다른 곳과는 구별되는 환경적 요소가 이름에 반영되는 경우인데 대표적인 지역으로는 흑석동과 율현동이 있다. 중앙대학교가 위치한 흑석동은 예로부터 검은색 돌이 많았기 때문에 흑석동(黑石洞)이라는 이름을 얻게 되었다. 율현동의 경우는 다른 지역보다 밤나무가 많은 고개여서 이전에는 밤고개 혹은 반고개 등으로 불리다가 이후 한자로 밤을 뜻하는 율(栗)과 고개를 뜻하는 현(峴)을 써서 율현동이라 불리게 되었다. 흑석동과 율현동 모두 이제는 그 이름을 갖게 한 검은 돌도 밤나무도 남아 있지 않지만 그 이름은 바뀌지 않은 채 여전히 과거의 이야기를 담고 있다.

선거구　생소하다　지형지물

세 번째로 지역이 가지고 있는 역사적인 사건이나 이야기를 배경으로 이름이 정해지는 경우가 있는데 왕십리동과 압구정동이 그 예이다. 왕십리동은 옛날에 무학대사가 현재의 한양대학교 근처를 도읍으로 정하려고 하니 한 노인이 나타나 북서쪽으로 10리를 더 가면 좋은 땅이 있다고 가르쳐 주었다고 한다. 노인의 말을 들은 무학대사가 정말 10리를 더 가니 현재의 경복궁이 있는 명당에 도착하게 되어 그곳을 도읍지로 삼았다는 것이다. 이러한 이야기 때문에 무학대사가 노인을 만난 곳은 10리를 더 가라는 의미의 왕십리라는 이름을 갖게 되었다. 전설인지 역사적 사실인지 조금은 갸우뚱해지는 왕십리와는 달리 압구정동은 조선 세조 시대의 공신인 한명회 소유의 압구정이라는 정자가 있었다는 분명한 이유로 붙여진 이름이다. '압구(狎鷗)'는 본래 한명회의 호로, 고사에서 유래한 것인데 '세상일을 다 버리고 강가에서 살며 갈매기와 친하게 지낸다.'는 뜻을 지니고 있다. 지금은 패션의 거리가 되어 유행을 주도하는 압구정동에 과거에는 세상일을 다 버리고자 했던 개국 공신 집안의 한명회 정자가 있었다는 점이 재미있다.

이외에도 광장리와 장의동이 합쳐지면서 광장동이 된 것과 같이 행정 구역이 조정되며 두 지역의 지명이 합쳐져 새로운 이름을 얻게 된 곳도 있고, 무당들이 모여 살아서 신당이 많다는 신당(神堂)에서 세월이 흘러 '새로울 신(新)'으로 글자를 바꾸어 그 소리는 같지만 새로운 의미를 얻게 된 신당동(新堂洞)과 같은 곳도 있다. 서울에 있는 동이 400개가 넘다 보니 오고 가는 길에 무심코 지나면 듣고 잊을 이름이 태반이다. 하지만 이름이 지어지고 변해 가는 과정에 고유의 역사와 지역의 특징이 담겼다는 점에서 서울의 지명은 한 번쯤 관심을 가지고 이야기해 볼 만한 주제라고 할 수 있다.

1 각 단락별 중심 내용입니다. 빈칸을 채우십시오.

단락	중심 소재
첫 번째 단락	지방 행정의 기초 단위가 되는 동
두 번째 단락	지역의 1) ________, 2) ________ 특징을 따라 이름 짓기
세 번째 단락	3) ________ 을/를 기준으로 이름 짓기
네 번째 단락	지역이 가지고 있는 4) ________ 이나/나 5) ________ 으로/로 이름 짓기
다섯 번째 단락	지역의 역사와 특징을 담고 있는 동 이름에 관심을 가져야 함.

개국 공신　신당

2 이 글의 내용과 같은 것을 고르십시오. (　　)

① 동 이름을 짓는 방법은 정해져 있다.
② 흑석동은 검은 돌이 많아서 붙여진 이름이다.
③ 왕십리라는 이름에는 한명회와 관련된 이야기가 있다.
④ 광장동은 이전 이름과 그 소리는 같으나 의미가 달라졌다.

3 다음 동은 어떻게 그 이름을 갖게 되었습니까?

1) 우이동: ____________________

2) 율현동: ____________________

4 "흑석동"과 같은 방식으로 지어진 동 이름을 고르십시오. (　　)

① 연남동: 연희동의 남쪽에 위치한 곳이다.
② 일원동: 과거에 일원 서원이 있었던 곳이다.
③ 도곡동: 이전부터 길에 돌이 많이 박혀 있었던 곳이다.
④ 가산동: '가리봉동'의 '가'와 '독산동'의 '산'이 합쳐졌다.

III. 정리해 봅시다

유래를 알아보고 싶은 지명이 있습니까?

10과 역사와 유래

2. 유교의 나라 조선

MP3 / 24

• 학습 목표: 조선의 유교 문화에 대한 이야기를 듣고 이해할 수 있다.

Ⅰ. 준비해 봅시다

1 한국에 남아 있는 유교 문화로는 어떤 것이 있습니까?

2 여러분 나라의 전통적 가치관 중에 사라져 버린 것은 무엇입니까?

군사부일체

부부유별

II. 들어 봅시다

[1] 듣고 질문에 답하십시오.

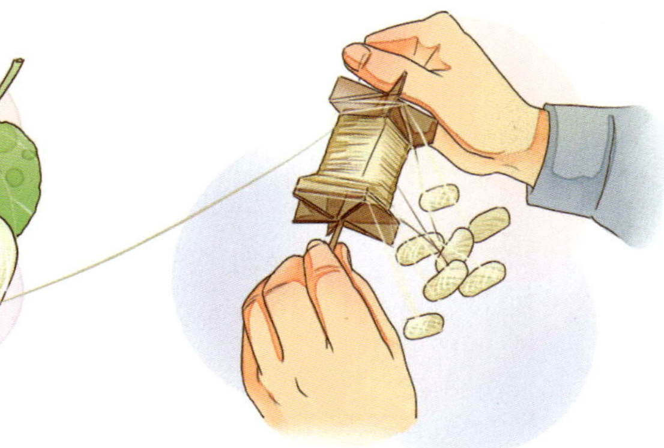

1 들은 내용과 같은 것을 고르십시오. (　　)

① 오늘 강의 주제는 현대의 유교 문화였다.
② 조선 사회는 남녀 모두에게 길쌈을 강조했다.
③ 근대에는 신분의 차이 없이 모두 같은 일을 했다.
④ 조선 시대에는 성별에 따라 요구된 노동이 달랐다.

관점　길쌈　누에　농경 사회　통념

[2~3] 듣고 질문에 답하십시오.

2 무엇에 대한 강의입니까? 강의 주제를 쓰십시오.

1) ____________ 의 가정 내 2) ____________ 변화

3 강의 노트입니다. 빈칸을 채우십시오.

강의 노트

조선 시대 여성들이 가족 내에서 차지한 지위는 시기에 따라 다르게 나타남.

1. 조선 초기
   - 아들과 딸의 지위가 비슷했음.
   - 딸이 부모님의 1) ____________ 을/를 모시기도 함.
   - 2) ____________ : 결혼 후 남자가 처가에 사는 것 (예, 신사임당)

2. 조선 후기
   - 양반들이 한정된 재산으로 3) ____________ 을/를 유지할 방안을 모색함.
   - 결혼 후 여성은 4) ____________ 의 집으로 가게 됨.
   - 딸은 아들보다 적은 유산을 받거나 유산을 주장할 수 없게 됨. (출가외인)
   - 5) ____________ 의 지위 대신 남편의 집에서 6) ____________ 의 지위를 얻음.

[4~6] 다시 듣고 질문에 답하십시오.

벼슬　처가　특권　순응하다　저항하다

4 들은 내용으로 알 수 없는 것을 고르십시오. (　　)

① 조선 시대 결혼 제도의 시대적 변화
② 조선 초기 가정 내 딸과 아들의 지위
③ 여러 문학 작품 속 조선 여성들의 모습
④ 조선 시대 맏아들의 지위가 변화한 이유

5 교수의 설명 방법으로 맞는 것을 고르십시오. (　　)

① 학생의 질문에 답하면서 주제를 자세히 소개한다.
② 주제와 관련된 다양한 이론을 소개하고 비교한다.
③ 말하고자 하는 주제의 변화를 시간 흐름에 따라 논한다.
④ 잘못 알려진 사실에 반박하며 주제의 정당성을 옹호한다.

6 강의를 바르게 이해한 사람의 말을 고르십시오. (　　)

① "조선 초기에는 딸의 지위가 아들보다 높았네."
② "여성도 능동적으로 지위를 선택할 수 있었구나."
③ "남성이 결혼 후 장인의 지위를 물려받기도 했었구나."
④ "지위 하락에 여성들이 모두 순응하고 말았다니 슬프다."

III. 정리해 봅시다

현대 한국 사회에서 여성의 지위는 어떻다고 생각합니까?

복습

MP3 / 25

다음 글을 읽고 질문에 답하십시오.

학점 은행제

학점 은행제란 다양한 방법으로 학점을 모아 일정 기준을 충족하면 국가가 학위를 수여하는 제도로 평생 교육 제도의 일환이다. 국민의 평생 학습권을 보장하고 학습 경험을 다양화하기 위해서 1998년 시행되었고 1999년에 학사 25명과 전문 학사 9명을 배출하는 첫 성과를 거두었다.

고등학교 졸업자 또는 그와 동등한 학력 이상을 가진 사람이라면 누구나 이용할 수 있는데 '전문 학사', '학사', '전문 학사 타 전공', '학사 타 전공' 학위 과정이 있다. '전문 학사' 학위 과정은 2년제나 3년제 전문 대학을 졸업한 것과 같은 학위를 받는 과정이고, '전문 학사 타 전공' 과정은 이미 전문 대학을 졸업한 사람이 전공을 바꿔서 새로운 학사 학위를 취득하는 과정이다. '학사 타 전공' 과정은 이미 학사 학위를 가진 사람이 다른 전공의 학위를 추가로 취득할 수 있는 과정이다.

학점을 취득하는 방법은 다양하다. 우선 학점 은행제 교육 기관을 통해 온라인·오프라인 강의를 듣고 학점을 채우는 방식이 있고, 이전에 다니던 전문 대학 또는 대학에서 이수했던 학점을 그대로 학점 은행제 학점으로 인정받는 방법도 있다. 또 대학에서 일반인을 대상으로 개설하는 과목을 이수하는 방식이나, 국가가 시험에 합격한 사람에게 학위를 수여하는 '독학 학위제'를 통해서도 학점을 모을 수 있다. 그밖에 문화재청이 '국가 무형 문화재'로 지정한 종목에 대해서도 관련 기준을 충족하면 학점이 인정된다.

다양한 방법으로 취득한 학점은 국가평생교육진흥원의 인정을 거쳐야 하는데, 각 학위 과정별로 소정의 학점이 다 채워지면 최종적으로 학위가 나온다. 이렇게 취득한 학위는 대학 편입학이나 대학원 입학에도 사용할 수 있다.

학점 은행제는 학습자가 시간과 비용을 절약할 수 있고 또 스스로 주도적으로 학습할 수 있다는 것이 장점이다. 국가적으로도 교육 기회의 불평등, 불균형을 해소하고 교육력을 극대화한다는 점에서 의의가 있다.

1. 글을 읽고 알 수 없는 것을 고르십시오. (   )

① 학점 은행제 학위 과정
② 학점 은행제 학점 취득 방법
③ 학점 은행제 시행 취지
④ 학점 은행제 학위 신청 절차

2. 여러분 나라에도 대학에 가지 않고 학위를 취득하는 방법이 있습니까?

전문 학사　전문 대학　이수하다　독학　소정　편입학

한국의 대학 입시 제도

한국의 대학 입시 제도는 교육에 대한 국민의 높은 관심에 부응하며 변화를 거듭해 왔다. 따랐던 입시 제도에 따라 학력고사 세대, 본고사 세대라는 말로 특정 세대를 지칭하기도 한다.

1945년부터 1968년까지 20여 년 동안은 '대학별 단독 시험제'가 근간이었다. 출제 및 선발에 있어서 대학의 자율권이 가장 컸던 시기이다. 하지만 공정성 시비가 끊이지 않았고, 이에 정부는 대학에 대한 불신을 해소하고자 짧게나마 대학 입학 자격 시험과 대학별 단독 시험을 병행하기도 했다.

1969년부터 1981년까지는 '대학 입학 예비고사와 대학별 본고사'가 함께 치러졌던 시기다. 대학별 본고사를 치르기 전에 대학 입학 예비고사로 입학 정원의 일정 수를 사전에 선발하는 방식이었다. 하지만 예비고사가 단편적 지식을 묻는 객관식 문항으로 구성되어 고등학교 교육을 암기 위주로 내몰았고. 또 대학별 본고사는 국영수 위주의 난해한 문항들로 구성되어 과열 과외 현상을 초래했다. 결국 1981년 본고사가 폐지되고 대학 입시 제도는 크게 바뀐다.

1982년부터 1993년까지는 '대학 입학 학력고사와 고교 내신제' 시기였다. 사교육을 없애고 고등 교육을 정상화하자는 취지로 고교 성적을 입시에 반영했으나 실질적인 반영 효과가 미미했고, 사실상 모든 대학이 전국에서 동시에 치러지는 학력고사 성적 하나로 학생을 선발하게 되었다. 그 결과 수험생들의 성적과 대학이 서열화되는 문제가 발생했고, 학력고사 자체도 고등학교 학업 성취도 검사일 뿐 대학 교육 적격자를 선발하기에는 부적합하다는 비판에 부딪히게 되었다.

이에 1994년 새로운 시험이 도입되었다. 단순 암기가 아닌 통합적 사고력을 평가하도록 개발된 '대학 수학 능력 시험(수능)'이 시행된 것이다. 첫해에는 시험이 2회로 치러졌으나 난이도 조절의 어려움 등으로 이듬해부터는 1회로 줄었다. 그리고 2001년부터는 수능과 함께 생활기록부, 논술, 추천서, 심층 면접을 기본 구조로 하는 입시 제도가 정착되어 오늘에까지 시행되고 있다.

1. 대학 수학 능력 시험이 도입된 배경은 무엇입니까?
2. 여러분 나라의 대학 입시는 어떻게 시행되고 있습니까?

부응하다　거듭하다　지칭하다　근간　출제　불신　난해하다

부록

듣기 지문
모범 답안
어휘 색인
참고 자료

듣기 지문

1과 <2> 말과 글

II. 들어 봅시다

[1]

우리는 거의 매일 글을 쓰면서 살아갑니다. 학교나 회사에서 쓰는 보고서나 논문뿐만 아니라 일상적인 메모나 일기, 이메일, 에스엔에스와 메신저에서 주고받는 메시지도 모두 글이라고 할 수 있습니다. 음성이 아닌 문자를 사용하는 것이니까요. 대부분의 사람들은 이런 글을 쓸 때 잘 쓰고 싶어 합니다. 그러나 누구나 다 글을 잘 쓰는 건 아닙니다. 오히려 글쓰기가 어렵다고 두려워하는 사람들이 훨씬 더 많습니다. 어떻게 아냐고요? 서점이나 도서관에 가 보면 알 수 있습니다. 글쓰기에 관련된 책들이 수없이 많으니까요. 사람들이 모두 글을 잘 쓴다면 글쓰기와 관련된 서적들이 그처럼 많을 필요는 없겠지요. 글을 잘 쓰고 싶어 하는 사람들은 많은데 현실은 그렇지 못하니 '이 책에 나온 대로만 하면 글을 잘 쓸 수 있다.'고 광고하는 책들이 계속 쏟아져 나오고 있는 겁니다.

그럼 여러분은 어떠세요? 글 잘 쓰는 방법을 알려 주는 좋은 책을 찾으셨나요? 아니면 글쓰기 비법을 알려 주는 책 한 권만 찾아서 읽으면 글을 잘 쓰게 될 거라고 생각하십니까? 전 세계적으로 유명한 베스트셀러 작가가 글쓰기 책을 냈는데 그 책 첫 부분에 이런 문장이 있습니다. '글쓰기에 대한 책에는 대개 헛소리가 가득하다.' 헛소리가 가득하다는 글쓰기 책을 이 작가가 굳이 왜 썼는지 완전히 이해할 수는 없습니다만 한 가지는 명백하게 알 수 있습니다. 그건 바로 글쓰기에 비법 같은 건 없다는 겁니다. 다양한 책을 읽고 쓰는 연습을 꾸준히 하는 것, 누구나 알고 있는 이 진리야말로 글을 잘 쓸 수 있는 최선의 방법이 아닐까요?

[2~6]

진행자: 청취자 여러분, 안녕하세요? 아나운서 변정현입니다. 오늘은 우리 대학교에서 글쓰기를 가르치고 계시는 정희모 교수님을 모시고 '창의적 글쓰기'에 대해 이야기를 나눠 보겠습니다. 교수님, 안녕하세요? 오늘 이야기의 주제가 창의적 글쓰기인데 어떤 내용인지 간략하게 소개해 주시겠어요?

교수: 네, 안녕하세요? 오늘은 글쓰기가 얼마나 창의성에 도움이 되는가 하는 측면하고, 또 하나는 글쓰기를 할 때 어떤 방법으로 아이디어를 생산할 수 있나, 이 두 가지 내용을 말하려고 합니다.

진행자: 아, 그러니까 글쓰기의 지침 같은 거네요.

교수: 문장을 정확하게 쓰는 방법은 아니고 아이디어 생산, 또 창의적인 내용의 글을 쓰는 것, 그런 내용들에 대해 말씀드리겠습니다.

진행자: 최근에 창의성과 관련된 책을 쓰셨던데요, 교수님께서 생각하시는 창의성이란 어떤 건가요?

교수: 창의성을 정의 내리기는 쉽지 않습니다. 여러 학자들이 그 개념을 사용하는데 창의성이 뭔지 창의성의 실체에 대해서 아는 사람은 아무도 없어요. 그렇지만 창의성의 속성에 대해서는 많은 논의가 있었습니다. 제일 흔하게 이야기하는 게 하나는 새로워야 한다는 것, 두 번째는 적합해야 한다는 거예요. 그런데 사실은 그렇게 말을 해도 개념으로서의 구체성은 없는 거지요. 그럼 실제로는 뭐냐? 한마디로 정의 내리기는 어려우니까 그냥 여러 가지 속성들을 말하는 것뿐이에요. 프레드릭 바틀렛이라는 심리학자가 창의성이라는 개념을 잘 설명했는데요. 우리가 만들어 둔 경험 중에서 서로 연결할 수 없는 경험을 연결할 수 있는 힘. 그걸 창의성이라고 말했어요. 완전히 처음부터 새것으로 존재할 수 있는 건 없어요.

진행자: 사실 저는 창의적인 거라고 하면 무조건 새로운 것만 떠올렸었는데 교수님 말씀을 듣고 보니 이제 새로우면서도 적절한 걸 생각해 봐야겠습니다. 그리고 또 저희가 취업을 준비할 때도 '창의적 인재가 돼라.' 이런 말을 많이 듣는데 그것도 사실 실체가 없는 것이군요.

교수: 그렇지요. 그럼 창의성의 바탕이 뭘 거 같아요?

진행자: 똑똑함?

교수: 아닙니다. 그건 바로 오랜 시간 갈고 닦은 숙련입니다. 창의성이 발현될 때는 대체로 그 분야의 전문가한테 발현되지, 전혀 그 분야하고 상관없는 엉뚱한 사람이 길을 가다가 '어, 발견, 창의성이네', 이게 안 되고, 창의성은 그 분야의 전문가한테서 나온다고 돼 있어요. 그 분야의 전문가라고 하면 다 십 년 이상 노력한 사람들인데, 그런 사람한테서 창의성이 나오는 겁니다. 다시 말하면 창의성이란 건 본인이 갖고 있는 여러 가지 경험 안에서 새로운 것을 찾아내는 힘인데, 그 밑바탕에는 노력이 있다고 봅니다. 그런데 그걸 생각하지 않고 그냥 복권 기다리듯이 가만히 앉아 있으면 창의성은 절대 오지 않아요.

진행자: 사실 저는 번뜩이는 아이디어가 떠오르면 그게 창의성인 줄 알았는데요.

교수: 하하, 번뜩이는 아이디어가 창의성이 아니라니까요.

진행자: 네, 창의성을 갖추기 위해서는 노력이 필요한 거였군요. 그런데 교수님의 책을 보니까 글쓰기가 창의적 사고에 도움이 된다는 내용이 있던데요. 글을 많이 쓰면 창의적인 사람이 될 수 있는 건가요?

교수: 글이 왜 중요하냐 하면 우리 생각은 조각조각 굉장히 단편적이고 파편적이기 때문입니다. 유동적이기도 하고요. 우리가 생각을 통제할 수는 없습니다. 내가 생각을 통제하고 싶어도 통제가 안 되는 순간이 있어요. 여러분도 알다시피 친구랑 싸웠다 그러면, 싸운 기억이 밤새 맴돌아서 잠을 자고 싶어도 잘 수가 없잖아요. 생각을 내가 통제 못해요. 생각은 떠다녀요. 옮겨 다니고 파편적이에요. 이 생각했다가 저 생각했다가 그래요. 그런데 그 생각을 붙잡아서 문자로 기록하고 정리하지 않으면 거기에 대한 논리를 세우거나 비판적 사고를 할 수가 없습니다. 생각을 붙잡아서 글로 써야 돼요. 그리고 그것들을 보고 아까 말했다시피 글과 글 관계에서는 논리의 흐름이 생기기 때문에 그 논리적 흐름을 분석해서 비판할 수 있고, 그 비판을 통해서 잘된 점과 잘못된 점을 분석하고 나면 내 생각을 바꿀 수가 있는 겁니다. 생각을 바꾸면 새로운 의미가 또 생겨요. 그래서 우리가 글을 쓰는 걸 영어로 'making meaning'이라고 그래요. 의미 만들기지요. 그러니까 글쓰기는 창의적인 것이고 글 자체가 창의성을 가지고 있고 또 많은 다른 학문의 창의성을 발현하는 도구로서, 의사소통 도구로

서 기능하고 있습니다.

진행자: 교수님 말씀을 듣고 보니까 창의성의 기본이 글쓰기인 것 같습니다. 그럼 우선 글을 많이 써 봐야 할 것 같은데, 책에서 글쓰기 팁 중에 거친 개요에 대한 얘기가 있더라고요. 거친 개요가 어떤 건지 간략히 좀 설명해 주시면 좋겠습니다.

교수: 우리가 중고등학교 다닐 때 개요를 열심히 잘 쓰라고 배우지 않았습니까? 대체적으로 소설가들을 살펴보면 개요를 꼼꼼하게 잘 쓰는 사람도 있지만 그렇지 않은 사람이 훨씬 더 많아요. 근데 학생들에게 개요를 쓰라고 하면 너무 세밀한 개요를 써요. 글은 쓰면서 아이디어가 많이 생기거든요. 앞에 쓴 글을 읽고 다음으로 넘어갈 때 좋은 아이디어가 떠오르는 경우가 많은 겁니다. 그 아이디어를 가지고 개요 내용을 바꿀 수도 있고 전환할 수도 있는데, 상세한 개요는 그걸 가로막아요. 이렇게 생각해 보면 됩니다. 부산이라는 목적지를 설정하고 케이티엑스(KTX)를 타냐, 고속버스를 타냐, 바로 갈 거냐, 중간에 한 번 쉴 거냐, 이런 정도는 미리 계획할 수 있지만 몇 월 며칠 대전에 도착해서 비빔밥을 사 먹고 두 시간 후에 출발하고, 그 다음에 어디에 가서 어떻게 하고, 이렇게 하면 여행을 망칩니다. 그리고 그대로 되지도 않고요.

진행자: 사실 저도 리포트를 쓰거나 할 때 상세한 개요를 쓰다가 보니까 글을 쓰는 중간에 흐름을 바꾸기가 쉽지 않더라고요.

교수: 그럼 죽은 글이 돼요. 우리가 글을 읽어 보면 글마다 생명이 있는데 살아 있는 글, 움직이는 글, 죽은 글, 그게 눈에 보여요. 상세한 개요를 짜서 그대로 베끼면 죽은 글이 되기 쉽습니다.

진행자: 네, 맞습니다. 저도 앞으로 글을 쓸 때는 교수님께서 말씀하신 것처럼 개요를 좀 거칠게 만들어 봐야겠습니다. 교수님, 오늘 나와 주셔서 감사합니다. 여러분, 다음 시간에 뵙겠습니다.

(출처: 연세대 LearnUs[책갈피] 1-2화: 창의적 생각의 발견, 글쓰기 with 정희모 교수님(일부 재구성)

https://www.learnus.org/local/ubonline/open_view.php?id=92)

2과 <2> 대중 매체와 표현의 자유

II. 들어 봅시다

[1]

앵커: 최근 일일 평균 이용자 수가 10만 명 이상인 사이트에 게시물이나 댓글을 쓸 때 작성자의 아이디를 반드시 공개하도록 하는 인터넷 준실명제가 추진되면서 찬반 논란이 일고 있는데요, 언론 중재 위원회 김지현 부위원장님을 모시고 이에 대해 자세히 알아보도록 하겠습니다. 안녕하세요? 먼저 인터넷 준실명제를 추진하게 된 배경을 좀 설명해 주시겠습니까?

부위원장: 최근 인터넷 악성 댓글로 인한 피해가 빈번해진 것, 뉴스를 통해 많이 들으셨을 겁니다. 인터넷에 글을 쓰는 사람이 자신이 쓴 글에 책임을 지게 해서 이런 피해를 막으려는 목적으로 법안을 추진하게 됐습니다.

앵커: 그렇다면 아이디보다는 실명을 공개하는 게 더 효율적일 것 같은데요.

부위원장: 그게 바로 인터넷 실명제인데요. 이 제도는 이미 표현의 자유를 침해한다는 이유로 위헌 판결을 받아서 폐지된 바 있습니다. 그러다 보니 표현의 자유와 악성 댓글 근절이라는 공공의 이익을 모두 실현하기 위해 실명 대신 아이디를 공개하도록 한 겁니다.

앵커: 아이디만 공개하는 것인데도 이 법안이 현재 거센 찬반 논란을 일으키고 있는 이유는 뭔지요?

부위원장: 인터넷 준실명제 시행에 반대하는 측에서는 이 법안 역시 표현의 자유를 침해한다고 주장합니다. 한국 사이트에서는 보통 아이디를 만들 때 본인 확인 절차를 거치기 때문에 아이디 공개는 실명 공개나 마찬가지라는 겁니다. 그렇게 되면 인터넷 이용자들이 자유롭게 자신의 견해를 표현하지 못하게 될 거고, 인터넷상에서 이루어지는 다양한 의사소통을 위축시킬 수 있다는 거죠. 그러나 인터넷 준실명제 시행에 찬성하는 측은 악성 댓글의 심각성이 날로 커지고 있으니만큼 하루라도 빨리 법안을 시행해서 피해를 줄여야 한다는 입장입니다.

[2~6]

사회자: 웹툰은 인터넷을 통해 연재되고 소비되는 만화를 말하는데요. 최근 몇 편의 인기 웹툰에 사회적 약자라든가 소수자에 대한 혐오 표현이 등장해서 독자들의 거센 비판과 항의가 일었고, 한 웹툰 작가는 충격을 받은 나머지 연재 중단을 선언하기도 했죠. 이를 두고 표현의 자유에 대한 과도한 검열이라는 의견과 혐오 표현에 대한 적절한 비판이라는 의견이 부딪치고 있는데요. 오늘은 '웹툰 속 혐오 표현, 어떻게 생각하십니까?'라는 주제로 웹툰 작가 박영수 씨, 새로운 문화 연구소 김민정 연구위원, 한국 대학교 법학과 이준하 교수님 모시고 이야기 나눠 보겠습니다. 박영수 작가님, 먼저 발언해 주시죠.

박영수: 작가들은 누군가를 혐오하거나 조롱하기 위해서 그런 장면을 그리는 게 아닙니다. 이야기의 맥락을 만들기 위한 수단으로 그리는 거고, 그건 작가 고유의 창작 영역이죠. 대중문화가 다양성을 지키고 발전하려면 무엇보다도 창작자를 보호하고 표현의 자유도 지켜 주는 일이 중요하다고 봅니다.

사회자: 네, 김민정 연구위원께서 손을 드셨는데요. 발언해 주시죠.

김민정: 그런데 창작자에게 표현의 자유가 있다면 독자에게도 문제점을 비판할 수 있는 자유가 있는 거 아닐까요? 이 점에 대해서 작가님은 어떻게 생각하세요?

박영수: 논란이 됐던 웹툰에 대해 독자들이 어떤 비판을 했는지 살펴봤더니 업계에서 퇴출시켜야 한다거나 연재를 중단하라는 등으로 물리적 압력을 가하는 경우가 많았

습니다. 이걸 과연 건전한 비평이라고 할 수 있을까요? 이렇게 여론을 이용해서 창작자의 연재를 중단시키는 분위기가 형성된다면 작가의 자유로운 창작에 대한 권리를 침해하는 거라고 생각합니다.

김민정: 이미 사회적인 지위와 힘을 가진 작가보다는 소수자와 약자의 권리를 지키는 일이 더 중요하지 않을까요? 혐오 표현의 대상은 대부분 사회적 약자 아니면 소수자입니다. 한 웹툰 작가가 얼마 전에 에스엔에스에 이런 말을 남겼죠? '약자가 강자를 농담의 대상으로 삼으면 풍자가 되지만 강자가 약자를 농담의 대상으로 삼으면 폭력이 된다.'라고요. 혐오 표현의 대상이 된 소수 집단은 혐오 표현으로 인한 공격을 감내하거나 공격을 피하기 위해서 스스로 정체성을 숨길 수밖에 없습니다. 그러니까 강자가 약자에게 가하는 혐오 표현은 표현의 자유라고 볼 수 없어요. 표현의 자유라는 명분으로 행하는 폭력입니다.

박영수: 웹툰 작가에 대해 사회적인 지위와 힘을 가진 강자라고 말씀하셨는데요. 우리 사회에서 작가라는 직업이 언제부터 그렇게 큰 힘과 지위를 가지고 있었습니까? 저는 불안정한 환경 속에서 창작을 이어가는 작가 역시 권리를 보호 받아야 하는 약자라고 생각하는데요.

김민정: 한국 콘텐츠 진흥원 발표에 따르면 올해 만화 산업 분야 매출이 1조 천억 원에 달했는데, 이 중 웹툰 산업 시장의 규모가 70%를 차지한다고 합니다. 그러니까 이제 웹툰은 폭넓은 독자층을 가진 명실상부한 대중 콘텐츠라고 할 수 있겠죠? 이렇게 엄청난 파급력을 가진 매체에서 혐오 표현이 허용되는 것을 진정한 표현의 자유라고 할 수 있을지 의문입니다.

사회자: 이준하 교수님 말씀 들어보겠습니다.

이준하: 저는 이 논란을 일부 작가와 독자 사이의 갈등으로만 보지 말고 좀 다른 각도로 접근했으면 하는데요. 어떤 창작물이 사회적으로 문제가 된다면 그 창작물을 게재한 플랫폼에도 공동의 책임이 있다고 봅니다. 문제가 생길 때마다 창작자에게 책임을 물을 게 아니라 플랫폼 차원에서 지킬 수 있는 지침을 만들어서 플랫폼 이용자들이 따르도록 하면 어떻겠습니까? 창작자와 플랫폼, 각 시민 단체 등이 함께 합의해서 지침을 정하고 그 지침을 플랫폼에 적용하는 것도 좋은 방법이라고 생각합니다. 그렇게 하면 소비자에게는 시민 사회 기준에 맞는 양질의 작품을 제공할 수 있고, 창작자도 지침에 따라 보호를 받을 수 있을 겁니다.

사회자: 네, 혐오 표현을 표현의 자유라는 이름으로 방치할 수는 없겠죠. 그러나 혐오 표현을 규제할 때 나타날 문제점도 무시할 수는 없는데요. 작가가, 표현의 자유가 충분한 사회에서 혐오 표현이 없는 매체를 활용해 예술을 꽃피우는 사회는 우리 모두가 바라는 사회입니다. 두 가치 중 무엇이 더 중요한가 하는 이분법 대신에 이 둘을 조화롭게 실현할 수 있는 방안을 마련하는 게 중요할 것 같습니다. 혐오 표현을 규제하면서 표현의 자유도 보장하는 길, 여러분은 어떻게 생각하십니까?

1~2과 <복습>

아나운서: 언론에 대한 대중의 신뢰가 땅에 떨어진 시대입니다. 그 이유는 무엇일까요? 진실을 왜곡하고, 공동의 이익을 추구하기보다는 사적인 이익에 집착하고, 언론 스스로가 권력의 중심에 서려고 정파성에 빠지고, 주목을 끌기 위해 선정성에 매달리기 때문이 아닐까요?

그럼에도 불구하고 세상에는 여전히 참언론을 지키고자 노력하는 정직하고 올곧은 언론인들이 있습니다. 미디어 환경이 급변하고 사회적 갈등의 골이 점점 더 깊어지고 있는 요즘, 언론을 향한 권력의 압력과 회유는 나날이 심해져 가고 있습니다. 하지만 참언론인들은 그에 맞서 정의와 진실을 추구하고 권력의 부패를 감시하는 세상의 '소금'으로서의 그 사명을 다하고 있는 것입니다.

작년에 개봉한 영화 '언론인'은 언론의 자화상과도 같은 작품입니다. 거대 언론의 추악한 현실을 가감없이 잘 보여 주고 있어선데요. 소설을 원작으로 한 오수호 주연의 '언론인'은 하고 싶은 이야기를 일방적으로 쏟아 내는 스피커가 아니라 국민이 알아야 할 것을 알리는 매개체가 언론이라는 것을 분명하게 전달하고 있습니다.

이 영화에서 방송 기자인 주인공은 익명의 제보를 받고 사건을 파헤치기 시작하는데, 취재하면서 정부가 행하고 있는 잘못들을 하나둘씩 확인하게 됩니다. 정부는 비밀 조직인 정보 조사실을 통해 언론을 통제하고 대중을 속이는 작전을 벌입니다. 그러자 다수의 언론도 비판 없이 동조하며 정부에서 조작한 정보를 그대로 퍼뜨리게 됩니다. 영화에서는 사건을 직접 취재하고 고민해서 보도 기사를 작성하는 기자는 흔치 않습니다. 다른 언론사의 보도 내용이나 관련 기관의 홍보 자료를 조금 바꿔 쓰거나, 유명인의 에스엔에스를 뒤적거려 가치 없는 내용을 전달하는 기자들이 대부분입니다. 영화에서는 현실에 어디엔가 있을 법한 그런 실망스러운 언론인의 모습을 사실적으로 보여 주고 있습니다. 오직 주인공만이 감춰진 진실을 밝히려고 동분서주할 뿐입니다.

언론의 영향력은 날로 커지고 있는 반면, 언론에 대한 신뢰도는 점점 하락하고 있는 요즘인데요. 아직 영화 '언론인'을 안 보셨다면 이번 주말 영화를 보시면서 잠깐이라도 이 시대에 필요한 언론의 역할에 대해 진지하게 한번 생각해 보시는 건 어떨까요?

3과 <2> 시민의 역할

Ⅱ. 들어 봅시다

[1]

여러분, '마을 공동체'라는 말을 들어 보셨나요? 최근 들어 마을 공동체 관련 뉴스를 자주 접하셨을 텐데요. 이 시간에는 마을 공동체가 무엇인지에 대해 알아보도록 하죠. 마을 공동체, 우선 '마을'에 대한 정의부터 살펴보자면 사전적 의미는 일반적으로 내가 사는 집 근처 사람과 공동생활을 이루는 공간적 범위를 말합니다. 일상생활을 하면서 언제든지 경제, 문화, 환경 등을 공유할 수 있는 범위를 뜻하지요. 쉽게 말하면 보통 십오 분 내외의 거리로, 주민들이 정서적으로나 물리적으로 용이하게 관계를 만들 수 있는 생활권이라고 생각하시면 됩니다. 그렇다면 마을 공동체란 무엇일까요? 마을 공동체는 마을에서 이웃이 서로 만나서 이야기를 나누고 함께 문제를 해결하는 과정에서 만들어지는 관계망이라고 할 수 있습니다. 다시 말하면 마을이라는 단위에서 살거나 활동하는 주민이라면 누구나 언제든지 모여서 서로의 관심이라든가 고민, 어려움을 나누고 문제를 함께 해결해 나가기도 하면서 만들어지는 지속적인 관계망인 셈입니다.

그렇다면 왜 사람들은 마을 공동체를 만들고, 또 만들려고 할까요? 그건 바로 자신의 삶이 좀 더 풍요롭고 행복해질 수 있을 거라고 기대하기 때문입니다. 인간은 타인과 관계를 가지면서 사회를 구성해 살고, 또 그 속에서 존재의 의미를 갖게 됩니다. 그러나 물질적으로나 정서적으로 박탈감과 소외감이 커지고, 또 빈 집에서 홀로 발견되는 고독사 뉴스를 일상처럼 접하는 소외의 시대에, 가족이 아니더라도 함께 돌보고 친밀하게 교류하면서 서로 손 내밀어 주는 이웃이 있다는 건 삶의 질이 높아지는 기반이 될 겁니다. 또 주거나 출산, 육아, 교육 같은 나의 삶에 직결되는 것 중에 다수는 개인의 힘만으로 해결하기 힘든 문제들입니다. 이러한 사회적 문제에 대해 마을 공동체 구성원들이 모여서 함께 해결책을 찾아낼 것이라고 우리는 기대하고 있고, 나아가 궁극적으로는 지속 가능한 사회로의 변화를 모색할 수 있을 거라고 전망하고 있습니다.

[2~6]

사회자: 서울시는 10여 년 전부터 마을 공동체 지원 사업을 지속적으로 추진해 오고 있습니다. 마을 주민이 직접 자기 지역의 발전 방안을 계획하고 실행하도록 하는, 주민 주도 프로젝트를 권장하고 지원하는 겁니다. 여러 종류의 마을 지원 사업이 있었습니다만, 이 시간에는 근래에 3년 계획으로 진행되고 있는 '마을 발전소' 지원 사업에 대해 이야기를 나눠 보도록 하겠습니다. '마을 발전소' 지원 사업은 올해 12월 마무리를 앞두고 있는데요. 지난 2년 반 동안 다섯 개의 마을 발전소 현장에서 고군분투하셨던 활동가들을 모시고 그동안의 성과에 대해 이야기를 들어 보고자 합니다. 먼저 마포구 성산동에서 지원 활동을 하고 계시는 송영민 선생님을 모시고 말씀 듣겠습니다.

활동가: 안녕하세요? 저희는 3년 전 '모두의 마을, 모두의 건강'이라는 이름으로 마을 발전소 사업을 시작했습니다. 마포구 성산동의 다양한 세대를 대상으로, 특히 관계망이 필요한 취약 계층을 중심으로 사업을 추진했습니다. 모든 세대가 건강하게 어우러져 살아가는 세대 통합형 마을 공동체를 만드는 것이 사업 목표였습니다.

3년 전, 이 사업을 처음 시작했을 때는 마을 전체 주민을 대상으로 찾아가는 건강 반상회를 비롯해서 건강 활력 소모임, 건강 마을 강좌 등 다양한 건강 증진 프로그램을 실시했습니다. 그런데 진행 과정에서 청소년과 청년 세대의 참여가 제대로 이루어지지 않는다는 걸 발견하게 됐지요. 그래서 작년에는 학업과 취업 문제로 불안정한 세대인 열여섯 살부터 스물다섯 살까지 청소년과 청년들의 건강 증진을 사업의 주요 목표로 정했습니다. 지역 전체 주민에서 청소년과 청년 세대로 지원 방향을 초점화하게 된 겁니다.

사업 방향을 전환하면서 청소년과 청년들의 다양한 목소리를 듣고자 기초적인 설문 조사와 찾아가는 건강 반상회, 그리고 심층 인터뷰를 함께 진행했습니다. 성산동에 거주하는 213명의 젊은이를 대상으로 건강에 대한 인식과 공동체성이라든가 이웃 관계망, 동네 건강 정책에 대한 의견 등 다양한 방면으로 조사를 진행했습니다. 조사 결과 청소년과 청년에게 꼭 필요한 세 가지 요소를 찾아낼 수 있었는데 그건 바로 공간, 관계, 정보였습니다. 그래서 이 세 가지를 염두에 두고 사업을 진행시켰습니다. 우선 '활력 플랫폼'이라는 공간을 마련해서, 청소년과 청년들이 실제로 그곳에서 소통하고 활동할 수 있도록 지원했습니다. 그리고 지역 내 청년과 청소년에게 유익한 정보를 주기 위해서 '활기 강좌'라는 것을 개설했고요. 또 청소년과 청년이 중심이 되는 여러 소모임과 네트워크 연결 프로그램을 만들었습니다.

마을 발전소 사업의 마지막 해인 올해는 두 가지 큰 틀로 사업을 추진하고 있습니다. 하나는 청소년과 청년 중심의 '활력 소모임'이고, 또 다른 하나는 청소년과 청년을 위한 '활기 강좌'입니다.

올해 활력 소모임 활동 관련해서는 지역 내 청소년과 청년이 참여하는 열두 개 소모임을 지원했는데요. 구성원은 총 80여 명으로, 지역 청년 네트워크, 길고양이 보호 모임, 채식주의자 모임, 그리고 요가 모임 등이 있습니다.

또 저희 사업 팀은 올해 상반기에 성산동의 청소년과 청년을 대상으로 강좌에 대한 요구 조사를 해서 상위 순위 세 가지를 활기 강좌의 주제로 선정했습니다. 세 가지 주제는 바로 환경, 인권, 경제였는데요. 먼저 환경 관련해서는, 청소년과 청년 세대가 가장 많은 관심을 가지고 있는 기후 위기를 주제로 강좌를 진행했고, 다음으로 인권 주제 강좌는 외국의 쿠데타 관련 내용으로 진행했습니다. 마지막으로 경제 주제의 강좌는 공유 경제 관련 내용으로 다음 달에 진행할 예정입니다.

앞서 말씀드렸던 '활력 플랫폼'의 운영 현황에 대해 잠깐 소개드리자면 지난 6월에 문을 연 이 '활력 플랫폼'은 지역 내 청소년과 청년들이 언제든지 이용할 수 있는 소통 공간으로 자리 잡아 가고 있습니다. 한 가지 재미있는 점은 '활력 플랫폼'에서는 십대부터 이십대까지의 청소년과 청년이 모두 위계 없이 다 반말로 말한다는 겁니다. '활력 플랫폼'의 운영자들이 이 공간에서만큼은 어떠한 차별이나 혐오가 없도록 하겠다는 취지에서 반말 규칙을 정하게 됐다고 합니다. 9월 현재는 그동안 흩어져 있던 각각의 커뮤니티들이 만나 가지고 지역 내 문제점들의 해결 방법을 함께 고민하고 있는 상황입니다.

관련해서 끝으로 하나만 더 말씀드리면 활력 소모임을 이끌어 가는 운영자들의 정기 모임이 있는데요. 이 운영자들 모임에서는 지역 내에서 어떠한 관계망도 맺지 못하고 고립되어 있던 장애 청소년과 자립 준비 청년을 찾아서 모임에 초대도 하고, 건강도 돌봐 주는 일을 하고 있습니다.

이제 남은 기간 동안 하려고 하는 것은 지역의 세대 간 통합 프로그램인데요. 중장년층의 지역 예술가와 함께 할 수 있는 청소년 프로그램이라든지, 청년이 주체가 되어서 지역 주민들에게 다가가는 프로그램을 진행해 보려고 합니다.

'마을 발전소' 지원 사업은 올해로 마무리되지만 3년간의 사업 성과를 토대로 이루어 낸 마을의 공동체적인 힘을 지속적으로 이어 나가서 마을 주민들 모두가 행복하고 건강한 삶을 누릴 수 있기를 기대하고 있습니다. 이상으로 성산동 마을 발전소 지원 사업 성과 보고를 마치겠습니다.

4과 <1> 한국의 군 복무 제도

II. 들어 봅시다

[1]

앵커: 지난 15일 정부는 인구가 지속적으로 줄어들면서 유발되는 병역 자원 감소에 대한 대응 방안을 발표했습니다. 국방부를 비롯한 여러 부서의 논의를 거쳐 발표된 이번 정부 방안에는 앞으로 줄어드는 인구를 감안해서 첨단 과학 기술을 중심으로 전력 구조를 개편하는 한편, 더불어 기존의 병역 자원을 효율적으로 활용하고자 하는 계획이 포함돼 있습니다.

먼저 국방부는 작년 기준 57만 9천 명인 상비 병력을 5년 안에 50만 명으로 감축할 예정입니다. 현재 사람을 중심으로 하는 전력 체계를 첨단 과학 기술 중심으로 전환하겠다는 계획입니다. 줄어드는 병력 공백은 드론과 정찰 위성같이 무인으로 운영 가능한 첨단 기술의 정찰 기기가 대신 채우게 됩니다.

또 병역 자원을 효율적으로 사용하고자, 연간 2만 8천 명에 달하는 대체 복무 인력을 축소하고 현역의 비중을 늘릴 계획입니다. 이를 위하여 경찰로 군 복무를 대체하는 의경 제도는 5년 후 전면 폐지를 목표로 점차 그 규모를 줄여 갈 예정입니다. 하지만 매년 2천5백 명을 선발하는 전문 연구 요원은 최근 세계적인 군 병력 첨단화 대응 차원에서, 50% 이상을 감축하고자 했던 처음 계획과 달리 '일부 축소'하는 방안 채택이 유력하다고 합니다.

[2~6]

앵커: 최근 군 병력 규모 유지 방안의 일환으로 현행 징병제를 모병제로 전환하자는 주장부터 여성도 일정 기간 군 복무에 참여시키자는 주장까지 각계각층의 의견이 다양합니다. 오늘은 이 주제를 가지고 이야기를 나눠 보겠습니다.

전 국방부 장관이셨고 현 국회의원이신 김철민 의원님과 박은아 군사 정보학과 교수님을 모셨습니다. 먼저 두 분은 현재의 군 규모 유지와 모병제에 대해서 어떻게 보십니까? 박은아 교수님께서는 모병제에 찬성하는 입장이시죠? 먼저 말씀을 시작해 주시겠습니까?

교수: 사실 저도 당장 모병제를 도입하자는 주장은 아닙니다. 모병제는 장기적으로 신중하게 검토돼야 할 부분이 많습니다. 먼저 모병제는 사회적으로나 경제적으로 약자인 사람들이 군대에 가게 될 가능성을 높인다는 문제점이 있습니다. 또한 모병제를 시행하기 위해서는 군사 영역의 많은 부분을 민영화해야 하는데 그것이 어떤 파장을 몰고 올지 아직은 알 수 없습니다. 군대는 국가의 가장 강력한 물리력인데 이런 문제를 소수의 관심사로 만들고 전문화하는 것이 옳은 일인지도 검토해야 할 문제입니다.

많은 분이 인구 감소로 인한 병력 규모 축소를 우려하시면서 모병제 도입을 주장하십니다. 하지만 저는 군대 갈 사람이 부족한 게 아니라 국군이 유지하고자 하는 병력 규모가 너무 큰 것이 근본적인 문제라고 생각합니다. 국군은 한국전쟁 이후로 1950년대 말의 병력 수준을 60년 정도 유지해 왔는데 그동안 안보 환경과 전투 환경, 그리고 사회도 많이 변했습니다. 그래서 현 정부 역시 점진적으로 군의 규모를 줄이려고 여러 가지 정책을 내놓고 있고요. 저는 현재 정부 계획보다 군 규모를 더 줄일 수 있다고 생각하고요, 복무 기간도 12개월까지로 단축할 수 있다고 봅니다. 지금은 병력을 감축하고 복무 기간을 줄이는 것에 집중해야 합니다. 모병제는 좀 더 시간을 가지고 검토해야 할 문제로 보입니다.

앵커: 모병제는 장기적으로 고려해야 하는 문제이고 우선은 병력 규모를 줄이기 위해 노력해야 한다는 말씀이시네요. 김철민 의원님께서는 어떻게 보십니까?

의원: 저는 모병제, 반대합니다. 방금 교수님께서 현재는 과거와 같은 수준의 군사력이 필요하지 않은 것처럼 말씀하셨지만 여전히 우리의 군사적 상황과 국제 정치적 여건을 고려해 볼 때 현재 수준의 군 병력 규모를 유지하는 것은 매우 중요합니다.

가까운 나라 일본이 모병제를 시행하고 있는데, 인구가 1억 2천6백만 명임에도 자위대 정원 26만 명을 못 채우고 있습니다. 심지어 자위대원이 받는 월급 수준이 웬만한 직장보다 나은데도 그렇습니다. 이것만 보아도 한국이 모병제로 현재의 병력 규모를 유지하는 것은 불가능합니다.

앵커: 의원님, 그렇다면 최근 병력 규모 유지를 위해 여성의 군 복무를 주장하는 의견도 있는데 이에 대해서는 어떻게 생각하십니까?

의원: 네, 충분히 가능하다고 봅니다. 다만 여성과 남성의 군 제도를 조금 다르게 운영할 수 있겠지요. 이스라엘의 경우, 여성과 남성의 복무 기간이 다른데 남성은 32개월, 여성은 24개월 복무를 합니다. 우리도 복무 기간에 차등을 둘 수도 있고, 그게 안 된다면 기간은 똑같이 하되 대체 복무를 하는 등으로 일손이 필요한 곳에 여성을 배치할 수 있겠죠. 여성에게도 남성처럼 국방에 기여할 수 있는 길을 열어 주는 게 옳다고 생각합니다.

앵커: 네, 그렇다면 박 교수님은 여성 징병제에 대해서 어떻게 보십니까?

교수: 글쎄요. 의원님과 저는 병력 규모를 줄여야 하는 것인가, 늘려야 하는 것인가에 대해서 근본적인 이해가 다릅니다. 물론 여성 징병이 현실화된다면 여러 가지 형태로 여성 징병제가 구현될 수 있겠습니다만, 기본적으로 지금은 징집 대상 확대가 필요한 시기가 아니라고 생각하기 때문에 저는 여성 징병제 역시 반대합니다.

5과 <1> 성공의 의미

II. 들어 봅시다

[1]

여자: 어제 저녁 다큐멘터리 프로그램에 독특한 이력을 가진 사람들이 나왔는데 혹시 너도 봤니?

남자: 아니, 난 못 봤는데. 어떤 사람들이 나왔어?

여자: 직업을 여러 번 바꾼 사람도 나오고, 성공한 온라인 쇼핑몰 사장님도 나왔는데 제일 인상적이었던 건 변호사였어. 그 사람은 28년 만에 사법 고시에 합격해서 변호사가 됐대. 50대 중반의 남자였는데 그 사람을 보니까 고생 끝에 낙이 온다는 말이 정말 실감나더라.

남자: 세상에, 그럼 그 사람은 변호사가 되려고 28년 동안 공부만 한 거야?

여자: 결혼해서 생계를 꾸려 나가야 했기 때문에 공부만 할 수 있었던 건 아니었대. 공공 근로, 청소, 아파트 경비 같은 임시직 일을 하면서 공부했대.

남자: 음, 그분 가족들도 고생을 많이 했겠다. 경제적으로도 넉넉한 형편이 아니었을 테고 가족과 뭘 즐겁게 같이 할 수 있는 마음의 여유도 없었을 테니까. 가족의 입장에서 보면 남편, 아버지가 굉장히 이기적이라고 생각할 수도 있었을 거 같아.

여자: 그래도 꿈을 포기하지 않고 끝까지 도전해서 성공했으니까 대단한 분이지. 박수 쳐 줘야 한다고 생각해.

남자: 글쎄, 거의 30년간 자기 꿈만 좇고 가장으로서의 책임을 다하지 못했는데 성공했다고 말할 수 있을까? 꿈을 이루게 된 건 다행스러운 일이지만 가정이나 사회에서 자신의 역할을 제대로 해내지 못하고 시험공부에만 매달린 30년이란 긴 세월을 생각하면 성공했다고 보기는 힘들 것 같은데.

여자: 난 오히려 긴 시간 동안 힘든 상황을 견디고 이뤄 낸 것이어서 더 값진 성공이라고 생각해. 물론 가족들도 힘들었겠지만 힘들었던 만큼 기쁨이 더 컸을 거야.

[2~6]

아나운서: 안녕하세요? 아나운서 최아라입니다. 오늘 이 시간에는 상담 심리학자이신 이동귀 박사님을 모시고 '성공과 완벽주의'에 대해서 이야기를 나눠 보겠습니다. 박사님, 어서 오십시오.

박사: 네, 안녕하세요?

아나운서: 박사님, 오늘 이야기의 주제가 '성공과 완벽주의'인데 완벽주의자가 되어야만 성공할 수 있다는 건가요?

박사: 완벽주의 성향을 가진 사람, 그러니까 완벽주의자는 절대로 결과에 쉽게 만족하지 않고 무결점을 추구하죠. 그런 사람들은 방금 말씀하신 것처럼 성공하기 위해서는 뭐든지 완벽하게 해내야 한다고 생각해요.

아나운서: 사회에서 성공한 사람들을 보면 완벽주의자들이 많은 것 같은데 완벽하게 일을 해내기 위해서, 성공하기 위해서 노력을 멈추지 않는 건 좋은 거 아닌가요?

박사: 원하는 결과를 얻기 위해 노력한다는 건 좋은 거죠. 열정적인 노력을 기울여서 훌륭한 성과를 이끌어 냈을 때 성취감도 크잖아요. 그렇지만 완벽주의라는 데에 사람들에게 심리적 고통을 안겨 주는 부정적인 측면도 포함돼 있다는 걸 간과해서는 안 됩니다.

아나운서: 완벽주의의 부정적인 측면이라고 하면 혹시 성공에 대한 강박 같은 걸 말씀하시는 건가요?

박사: 네, 맞습니다. 가장 흔하게 볼 수 있는 성공 강박의 예는 '꼭 명문대에 입학해야 한다.'는 게 있어요. 학교에서 성적순으로 사람을 서열화하다 보니 친구에게 공책도 안 빌려준다고 하죠. 특히 고시원이라든지 독서실에서 시험이나 취업을 준비하는 분들에게 이런 게 많아요. '이번에 안 되면 정말 큰일인데.', '주변 사람들 볼 면목이 없는데.' 이런 불안이 바로 성공 강박때문입니다.

아나운서: 그러면 치열하게 경쟁해야 하는 현대 사회 환경이 사람들에게 완벽주의를 강요한다고 볼 수 있을 것 같은데요. 완벽주의 성향을 가진 사람들이 한국에만 있는 건 아니겠죠?

박사: 물론이죠. 완벽을 추구하는 건 나라나 인종과는 상관없어요. 보편적인 현상이죠. 그런데 어느 외국인 연구자가 이런 말을 한 적이 있어요. '빨리빨리' 문화 속에서 살아온 한국인들이야말로 완벽주의 성향을 가질 수밖에 없다고요. 한국의 '빨리빨리' 문화를 단적으로 보여 주는 재미있는 자료가 있는데요. 사람들이 1분당 걷는 걸음 수를 나라별로 비교한 거예요. 미국인은 분당 평균 스물다섯 걸음, 영국인은 평균 스물아홉 걸음, 그리고 일본인은 평균 서른다섯 걸음을 걷는 것으로 나왔는데, 한국인은 평균 쉰여섯 걸음이나 걷는다고 나왔어요. 이런 '빨리빨리' 문화에는 한국이라는 나라가 자원이 극히 한정된 무한 경쟁 사회라는 배경이 깔려 있다고 봅니다. 치열한 경쟁 사회에서 남보다 앞서가야겠다는 강한 의지를 갖게 되고, 동시에 가만히 있다가는 누군가에게 추월당할지 모른다는 불안감을 항상 느낄 수밖에 없는 거죠. 특히 한국은 입시와 취업 결과가 자신의 인생을 크게 좌우할 가능성이 높기 때문에 사람들의 완벽주의 성향이 더 강화되는 경향이 있습니다. 그렇게 만들어진 완벽주의는 스스로를 고통스럽게 만드는 부정적인 방향으로 발현될 가능성이 커요.

아나운서: 박사님 말씀을 듣고 보니, 다른 나라에 비해 한국에

완벽주의 성향을 가진 사람이 더 많을 것 같은데요. 관련 조사 결과가 있나요?

박사: 네, 제가 속한 상담 심리 연구실에서 스무 살에서 예순 살까지의 한국인 성인 511명을 대상으로 조사한 결과, 완벽주의적인 성향을 가진 응답자가 전체 응답자의 약 54%를 차지했어요. 이건 성인 두 명 중 한 명은 완벽주의 성향을 갖고 있다는 의미로, 상당히 높은 수치예요. 그리고 한 취업 포털 사이트에서 직장인 1,176명을 대상으로 설문 조사를 실시한 결과, '직장에서 완벽주의를 추구한다'는 응답자가 무려 전체의 67%나 되고, '완벽주의가 업무 성과를 높인다고 생각하는가?'라는 질문에 '그렇다'고 대답한 비율 또한 전체의 61%로, 과반이 넘는 것으로 나왔습니다. 이건 직장인 열 명 중 일곱 명 가까이가 완벽함을 추구하고 있고, 업무 성과에도 완벽주의가 긍정적인 영향을 끼친다고 인식하고 있다는 걸 보여 줘요.

아나운서: 역시 업무 성과에 있어서 완벽주의가 긍정적으로 작용한다고 생각하는 사람들이 많군요.

박사: 네. 그런데 여기서 한 가지 주목할 점은 '완벽주의로 인해 행복해진다고 생각하는가?'라는 질문에는 76%의 직장인이 '아니다'라고 답했다는 겁니다. 절반 이상의 직장인이 완벽주의가 성과를 높이는 데는 도움이 된다고 생각하면서도 정작 자신의 행복으로 이어지지는 않는다고 여기는 건 어떻게 받아들여야 할까요?

아나운서: '완벽하게 해낸다고 해도, 성공한다고 해도 행복하지 않다.' 이런 거죠? 진정한 성공이 아닌 절반의 성공이랄까요?

박사: 네, 맞습니다. 가족이나 친구, 상사에게서 '넌 정말 완벽해.', '완벽한 보고서야.', '완벽한 발표였어.', 이런 말을 들으면 기분이 좋아지고 어깨가 펴지죠. 생각만 해도 기분이 좋아지는 결과를 상상하면서 완벽함을 추구하는 것, 그 자체로는 문제가 없습니다. 문제는 '완벽함'을 위해서 스스로에게 과도한 목표를 부여하거나 목표를 달성하지 못했을 때 스트레스와 압박을 이겨 내지 못하는 상태에 빠지는 데 있어요. '불행한 완벽주의자'가 돼 버리는 거예요.

아나운서: 그렇다면 행복한 완벽주의자가 되려면 어떻게 해야 하나요?

박사: 과유불급이란 말 들어 보셨죠? 뭐든지 지나친 건 부족한 것보다 못해요. 이건 완벽주의에도 해당됩니다. 스스로 만든 완벽함의 기준에 빠져서 현실적으로 불가능한 목표를 세우고 자신을 통제하려 한다면 그 완벽주의는 몸과 마음 모두에 심각한 상처를 남기고 말 거예요. 상처받지 않고 스스로 통제할 수 있는 선에서만 완벽을 추구한다면 완벽주의는 강력하고 건강한 경쟁력이 될 수 있죠.

아나운서: 여러분, 완벽하게 성공하는 건 정말 멋진 일입니다. 그렇지만 그 결과 불행한 완벽주의자가 된다면 어떻겠습니까? 성공을 위한 완벽주의, 다시 한번 생각해 봐야겠습니다. 지금까지 이동귀 박사님과 함께했습니다. 박사님, 감사합니다.

6과 <2> 기업의 사회 공헌

II. 들어 봅시다

[1]

진행자: 안녕하십니까? 교수님. 방금 한국 굴지의 대기업이 지원한 다문화 가정 행사 소식을 함께 들으셨는데요. 교수님께서는 기업의 사회적 책임에 대해 앞으로 어떤 방향으로 나아가는 것이 바람직하다고 생각하십니까?

교수: 과거에는 기업의 사회 공헌 활동이 단순히 자금이나 물품 등의 형태로, 도움이 필요한 개인과 집단에 일회적으로 제공되는 것으로 인식되었었습니다. 하지만 최근에는 '공유 가치 창출'이 보다 진화한 사회 공헌 기법으로 주목을 받으면서 기업의 사회 공헌 활동도 과거 방식에서 벗어나 상생과 협력 위주로 바뀌고 있는 추세입니다. 사회가 없으면 기업이 존재할 수 없는 만큼 기업의 본질은 결국 '사회적 기업'이라는 데에 기업도 동의하고 있는 거지요. 앞으로 기업은 가장 잘하는 분야에 대한 다양한 방식의 기부를 통해 경제적 가치와 사회적 가치를 동시에 창출해 나가야 할 겁니다.

[2~6]

사회자: 기업이 국가 사회의 생산 활동에서 차지하는 비중이 커지면서 기업의 사회적 책임 수행에 대한 요구도 높아지고 있습니다. 미국의 경영학자 캐롤(Archie B. Carroll)에 따르면 기업의 사회적 책임은 경제적 책임과 법적 책임, 윤리적 책임, 그리고 자선을 행할 책임으로 구성되는데 경제적 책임과 법적 책임은 기업이 반드시 지켜야 하는 것이지만 윤리적 책임은 기업이 이행해 주기를 기대하는 것이고, 자선에 대한 책임은 기업이 하면 좋은 것으로 분류된다고 합니다.

최근 한 기업이 중대한 위법 행위로 여론의 도마 위에 오르게 되자 사회적 책임 이행이라는 명분을 내세워 거액을 사회에 헌납하는 일이 있었는데 이를 바라보는 시선이 곱지만은 않습니다. 기업 이미지를 포장하기 위한 선전에 불과하다는 비판이 나오고 있는 상황입니다.

오늘은 대기업에서 사회 공헌을 담당하고 계신 김현식 부장님과 소비자 참여 연대의 조용준 대표님을 모시고 기업의 사회적 책임에 대해 진지하게 이야기를 나눠 보고자 합니다. 먼저 기업을 대표해서 김 부장님의 말씀을 들어 보겠습니다.

김 부장: 우선 기업의 사회 공헌 활동에 진정성이 없다는 질책은 기업에서 반성할 문제라고 봅니다. 다만 기업이 봉사를 하거나 기부를 하는 등의 자선적인 책임만을 가지고 있는 것은 아니기 때문에, 당연히 기업은 전반적인 사회적 책임을 수행해야 한다고 봅니다. 즉, 법을 지키고 사회의 윤리도 충족시켜야 하며 기업 본연의 책임인 경제적 책임도 져야 한다는 거지요.

조 대표: 저는 기업이 넓은 의미의 사회적 책임을 갖는다는 것은 인정하지만 이번과 같은 기부 사례에 대해서는 부정적으로 보고 있습니다. 기업의 경영주가 거액의 기업 자금을 외부에 기부하는 것은 배임 행위가 될 우려

가 있습니다. 경영진이 기업의 돈을 기업의 이익을 위해 쓰지 않고 사회 일반의 이익을 위해 쓰는 것이 과연 전적으로 옳은 일인지 생각해 봐야 할 것입니다.

김 부장: 그 점에 대해서는 반론의 여지가 없습니다. 기업에서도 예전에는 사회 공헌 활동을 평가할 때 얼마를 냈느냐에 치중했다면 지금은 실질적으로 사회 문제 해결에 얼마나 기여했느냐, 기업의 사회적 가치를 얼마나 높였느냐를 가장 중요하게 여깁니다.

조 대표: 그러한 변화는 바람직하다고 봅니다. 하지만 '사회 공헌 활동이 기업의 가치를 높이는가'에 대해서도 사실 논란이 많습니다. 기업의 평판을 높여 주는 효과도 물론 있겠으나 오히려 사회 공헌 활동에 대한 과도한 지출이 기업의 경쟁력을 떨어뜨린다는 우려도 있습니다.

김 부장: 기업에서도 그러한 면은 면밀히 살피고 있습니다. 요는 '사회 공헌 활동에 대한 투자와 기업의 경쟁력 강화를 위한 투자 사이에서 무엇이 더 높은 가치를 창출하는가' 하는 문제입니다. 하지만 기본적으로 기업이 우리 사회를 위해서 꼭 해야 될 일이다. 이것을 하지 않으면 우리 기업도 생존할 수 없고, 사회적 책임을 다하지 않으면 이윤도 만들 수 없다는 생각을 가지고 기업의 사회 공헌 활동을 바라보고 있습니다.

조 대표: 하지만 기본적으로 기업은 경제적 가치 창출에 전문화된 기관이라고 생각합니다. 기부나 봉사와 같은 자선 책임은 정부의 책임이라고 보고요. 오히려 기업은 성장을 위해 자금을 재투자하는 것이 사회 전체의 이익에 부합할 것입니다. 기업이 성장을 위해 재투자하면 일자리가 창출되고 부가 가치가 창출됩니다. 이익이 더 많이 나면 세금도 더 많이 내게 되고, 그럼 정부가 그 세금을 사용해서 사회적 문제를 해결하면 되는 거죠.

사회자: 두 분의 말씀을 들으면서 저도 같이 고민해 볼 수 있는 시간이었습니다. 기업의 사회적 책임은 어디까지인지 또 어떤 방식으로 사회적 책임을 이행하는 것이 올바른 방식인지 정답은 없겠지만 우리 사회가 같이 고민하고 지켜봐야 할 문제인 것 같습니다. 오늘의 토론은 여기에서 마치겠습니다. 시청해 주신 여러분, 감사합니다.

7과 <1> 투자와 창업

II. 들어 봅시다

[1]

라디오 진행자: 오늘은 대학생 창업가이신 이준수 대표님을 모시고 이야기를 나눠 보겠습니다. 안녕하세요? 먼저 회사 소개부터 해 주시겠습니까?

창업가: 네, 잘 알려지지 않은 의류 디자이너 중에 실력이 있는 분이 굉장히 많은데요. 저희 회사는 그런 무명 디자이너를 발굴해서 그분들이 만든 옷을 소비자에게 판매하는 일을 하고 있습니다.

라디오 진행자: 그렇군요. 학생 신분으로 창업을 하셨는데 학교에 다니면서 창업을 해야겠다고 생각하게 된 계기가 있으셨는지요?

창업가: 저는 옷에 관심이 많았기 때문에 예전부터 의류 관련 사업을 하고 싶었습니다. 그러다가 친구가 창업하는 것을 보고 굳이 졸업 후까지 기다릴 필요가 없겠다 싶어서 창업을 결심하게 됐습니다. 특히 대학교 재학 중에 창업을 하면 정부나 학교에서 사업비 같은 걸 지원해 주는 제도가 있거든요. 그런 혜택을 받을 수 있다는 점에서 졸업 후에 창업하는 거보다 더 유리하기도 했고요.

라디오 진행자: 네, 그렇군요. 창업하신 후에는 어떤 게 가장 힘드셨습니까?

창업가: 기업의 정체성과 시장성을 찾는 일, 그리고 의류 공급자, 소비자, 직원, 이 모든 이해관계자들을 다 만족시키는 전략을 찾는 일이 가장 어려웠던 거 같아요.

라디오 진행자: 과거에 비해 최근에는 창업을 시도하는 이삼십 대가 늘고 있는데 마지막으로 청년 창업을 꿈꾸는 사람들에게 조언 한마디 해 주시겠어요?

창업가: 먼저 창업을 하기 전에 깊게 고민하는 시간을 가지셨으면 좋겠습니다. 자신이 진심으로 필요성을 느끼는 업종을 선택해야 하고 다른 사람의 의견도 충분히 들어야 합니다. 그리고 창업은 굉장히 외로운 길입니다. 제 경우에는 독서가 큰 도움이 되었는데요. 어려움을 극복한 책 속의 인물을 보면서 큰 위안을 받았습니다. 이렇게 외로움을 달랠 자신만의 방법을 찾는 것이 중요할 것 같습니다.

[2~6]

강사: 예비 창업자 여러분, 안녕하십니까? 이번 시간에는 창업 아이템을 효율적으로 탐색하는 방법에 대해서 알아보겠습니다. 사업 아이템을 탐색하는 초기에는 다양한 측면을 고려해야겠지만, 다음 네 가지 항목을 확인해 본다면 어느 정도 시장성이 검증된 사업을 선정할 수 있을 겁니다.

가장 먼저 고려해 봐야 할 부분은 업종의 성장 가능성입니다. 하나의 업종이나 제품에는 일반적으로 도입기와 성장기, 성숙기, 쇠퇴기 같은 생애 주기가 존재합니다. 도입기는 업종이 출현해서 보급이 시작되는 단계이고 성장기는 해당 수요와 동종 기업이 급증하고 이익도 증가하는 단계입니다. 그 다음에 성숙기는 기업 간 경쟁이 치열해지면서 도산하는 기업이 늘고 이익이 줄어서 경쟁에서 우위를 점한 일부 기업만 생존하는 단계이고요, 마지막으로 쇠퇴기는 시장 전체의 매출과 이익이 완전히 하향하는 단계죠. 여기서 신규 사업에 뛰어들기에 가장 적합한 단계는 성장 초반기이고 반대로 성숙기에 뒤늦게 사업을 시작한다면 실패할 확률이 매우 높다고 볼 수 있습니다.

두 번째로 자신의 경험이나 장점을 잘 활용할 수 있는 업종인지 살펴보셔야 합니다. 아무리 성장성이 높은 업종이라고 해도 창업자의 경험과 지식, 기술, 특징 같은 걸 잘 고려해야만 사업 성공 확률을 높일 수 있습니다.

세 번째로 인허가를 받아야 하는 업종인지 아닌지 확인해 보시라고 권해 드리고 싶습니다. 법적인 인허가와 면허 같은 게 없으면 창업이 불가능한 업종이 있으니까 창업을 하려면 관심이 있는 업종의 법적 요건을 사전에 꼭 확인하실 필요가 있습니다. 단순히 등록만 하면 창업이 가능한 경우도 있는가 하면, 창업자 본인이 업종과 관련된 자격이나 기능을 취득해야 하거나 그런 자격이나 기술이 있는 종업원을 채용해야 하는 경우도 있으니까요.

네 번째, 실패 위험에 대해 미리 생각해서 출구 전략도 마련해 두시는 게 좋습니다. 위험이 큰 사업일수록 사업이 성공했을 때 얻을 수 있는 이득은 큽니다. 위험률이 높으면 도전하는 창업자가 적고 이런 상황에서 성공하면 경쟁자가 없으니까 더 높은 수익을 기대할 수도 있겠죠. 하지만 그런 업종일수록 실패율이 성공률보다는 훨씬 높다는 것이 문제입니다. 따라서 이익이 적어서 큰돈을 벌 수 없는 사업이라도 성공이 확실히 보장된다면 그 사업을 선택하는 것이 매우 타당할 겁니다.

오늘 이렇게 제 강연을 들으러 와 주신 여러분을 위해, 특별히 예비 창업자가 참고하면 좋은 팁을 하나 알려 드리겠습니다. 지속적으로 경쟁에서 우위를 확보할 수 있는 자원을 찾으시라는 건데요. 희소성 있는 자원, 모방하기 힘든 자원, 대체가 불가능한 자원이라면 자연히 경쟁 우위가 확보되겠죠? 새로 투자할 업종을 고르실 때 본인만이 가진 이러한 자원들을 활용할 수 있는지 한번 꼼꼼히 살펴보시기 바랍니다.

끝으로 예비 창업자를 위한 아이디어 플랫폼에 대해 잠깐 말씀드릴까요? 아이디어 플랫폼이란 획기적인 아이디어는 있는데 원하는 제품을 만들기 어려운 경우, 아니면 제품을 만들 수는 있지만 어떻게 판매하는지를 모르는 경우처럼 혼자서 백 퍼센트 독자적으로 창업하기 어려운 경우에 아이디어를 구체화시키고, 이를 제품으로 구현해 주는 역할을 하는 공간을 말합니다. 국내에서 제공하는 아이디어 플랫폼 중에서 과학기술 정보 통신부의 '무한 상상실'은 과학관이나 도서관, 주민 센터 같은 생활 속 공공 기관에서 이용하실 수 있는 창의적인 공간입니다. 국민의 창의성과 상상력, 아이디어를 발굴하고 이러한 아이디어를 기반으로 시험 제작이나 동영상 제작, 그리고 창작 활동을 돕는 복합 공간으로 기능하고 있습니다.

지금까지 사업 아이템을 효율적으로 탐색하는 방법을 살펴봤습니다. 우물 안의 개구리가 바라보는 하늘은 작은 세상이지만 우물을 뛰어넘어 밖으로 나온 개구리는 더 큰 세상을 바라볼 수 있지요? 성공적인 창업을 하기 위해서 창업자는 우물 안에서 밖으로 도약해야 하고, 남보다 한 단계 더 멀리 내다보는 눈을 가지고 자신에게 적합한 사업 아이템을 탐색하고 선정해야겠습니다. 모든 예비 창업자 여러분의 도약을 응원합니다. 고맙습니다.

8과 <2> 한국의 정치 제도

II. 들어 봅시다

[1]

여자: 유학생 여러분, 안녕하세요? '한국 정치 특강' 두 번째 시간입니다. 오늘은 삼권 분립에 대해 살펴보겠습니다. 국정 운영자가 잘못된 결정을 내리거나 권력을 마음대로 휘두른다면 국가가 위태로워지고 국민의 자유와 권리가 위협받을 수 있겠죠? 그래서 대부분의 민주주의 국가에서는 국가의 권력이 한 곳에 집중되지 않도록 권력을 셋으로 나누는데 이것을 삼권 분립이라고 합니다.

삼권 분립을 구성하는 기관으로는 먼저 입법부가 있습니다. 입법부는 법을 만드는 기관으로서 국회를 의미합니다. 국민의 선거로 뽑힌 국회의원은 법을 만들고 행정부의 예산 계획안과 집행 과정을 심의합니다. 또한 행정부에서 법에 따라 나라를 잘 다스리는지 살펴보고 대통령이 중요한 일을 결정할 때에는 동의하거나 동의하지 않을 권한도 갖고 있습니다.

다음으로 정부를 뜻하는 행정부가 있습니다. 한국 행정부에는 대통령, 국무총리, 각 부의 장관 등이 있는데요. 대통령은 국군 최고 지도자이며 정부의 주요 정책을 심의하는 국무회의를 주재합니다. 국무총리는 대통령과 함께 여러 가지 일을 처리하고 각 부 장관에게 일을 나눠 맡기기도 하지요. 각 부 장관들은 경제, 교육, 무역 정책과 남북 교류, 국가의 치안 등 나라 안의 여러 일을 나눠 맡아 처리하고 있습니다.

삼권 분립을 구성하는 기관 중에는 마지막으로 사법부가 있습니다. 사법부는 법원을 말하는데요. 사람 사이에 분쟁이 발생하거나 누군가 법을 위반한 경우에 법에 따라 판결을 내려서 사회 질서를 유지하도록 하는 곳입니다. 한국에는 최고 법원인 대법원이 있고 그 아래에 고등 법원, 지방 법원, 특허 법원, 가정 법원 등이 있습니다.

[2~6]

사회자: 최근 대통령 5년 단임제를 4년 중임제로 바꿔야 한다는 목소리가 높아지고 있습니다. 저희 방송사에서 실시한 설문 조사 결과에 따르면 국민 열 명 중 여섯 명은 대통령 5년 단임제에 대한 개정이 필요하다고 생각하는 것으로 나타났습니다. 응답자의 61.5%가 대통령 5년 단임제를 개정하는 것에 찬성하는 반면 33.3%가 반대하는 것으로 조사됐고, 한국에 적합한 정부 형태를 묻는 항목에서는 59%가 대통령 4년 중임제를 꼽았습니다. 그러나 한국의 정치 상황을 고려하지 않고 무조건 제도를 개정하는 것은 오히려 부작용을 일으킬 수 있다는 우려의 목소리도 만만치 않은데요. 오늘은 한국 대학교 정치외교학과 김희원 교수님과 여당의 박민수 의원님을 모시고 이 문제에 대해 이야기 나눠 보도록 하겠습니다. 먼저 김희원 교수님 의견부터 들어 보겠습니다.

교수: 한국의 대통령제는 정부 수립 이후 독재 정치 시기

를 거치면서 대통령의 권력을 강화하는 방향으로 변화했고, 1987년 민주화 과정에서도 대통령의 권력을 약화시키지 못했습니다. 그러다 보니 대통령이 막강한 권한을 지니게 됐는데, 저는 현재 한국 정치의 근본적 문제는 이렇게 한 사람에게 권력이 집중되어 있는 대통령제에 있다고 생각합니다. 특히 누가 대통령이 되느냐에 따라 국가의 중요한 정책이 손바닥 뒤집히듯 바뀐다는 점이 문제인데요. 외교와 국방을 비롯해서 경제, 문화, 복지, 노동과 관련된 정책뿐만 아니라 과학 기술 정책도 대통령이 바뀌면 영향을 크게 받습니다. 예를 들어 원자력 기술을 산업적으로 발전시키려고 하는 대통령이 있는가 하면, 원전을 폐기하려고 하는 대통령도 있죠. 북한과의 관계 역시 누가 대통령이 되느냐에 달려 있다고 해도 과언이 아닙니다. 이런 상황에서 5년마다 대통령을 새로 뽑다 보니 하나의 정책이 채 결실을 보기도 전에 폐기되거나 다른 정책으로 대체되어서 원점으로 돌아가는 경우가 수없이 많았습니다.

국회의원: 한국이 대통령 5년 단임제를 채택한 배경에는 다 아시다시피 독재 정치를 종식시키고 민주적 정치 발전을 도모하자는 취지가 있었습니다. 역사 속에서 독재자는 자신의 권력을 연장하기 위해 온갖 부정을 저질렀고, 이런 독재자가 장기 집권하는 어두운 역사가 되풀이되는 것을 막기 위해서 다음 대통령을 무조건 새로 뽑는 대통령 단임제를 채택하게 된 겁니다. 김 교수님께서는 한국 대통령제의 문제점으로 정책의 지속성과 연속성이 없다는 걸 지적하셨는데요. 저는 오히려 그런 점이 대통령 단임제가 가진 아주 큰 장점이라고 생각합니다. 국민이 지지하는 정책이라면 대통령이 바뀌어도 지속될 수 있습니다. 선거를 통해 대통령 개인은 바뀌지만 그 대통령이 속한 정당에 대한 지지는 계속되기 때문이지요. 만약 선거에서 다른 정당 후보가 당선돼 정책을 시행할 수 없다면 그건 국민이 그 정책을 원하지 않았다는 의미 아닐까요? 국민이 정부에 원하는 것은 제대로 된 정책을 시행하는 것 아니겠습니까? 만약 정부가 그걸 못할 경우 5년마다 다른 사람을 대통령으로 뽑을 수 있어야 합니다.

교수: 박 의원님의 말씀에도 일리가 있습니다만, 그건 상당히 이상주의적인 생각이 아닌가 싶습니다. 대통령은 보통 취임 초기에는 인사권이라든지 여론과 언론의 높은 지지 등을 통해 유리한 환경에서 강한 권력을 행사하지만 정권 말기가 되면 지지도가 낮아지면서 통치력도 약해집니다. 이때에는 야당뿐만 아니라 여당 후보도 대통령과 차별화를 시도하게 되는데요. 실제로 전 대통령의 임기 후반에 여당의 유력 대선 주자가 정부의 정책안에 대해 야당과 더불어 반대표를 던지고 인기를 얻은 일이 있었죠. 같은 정당이라고 해서 전임 대통령의 정책을 지속성 있게 이어받는 것은 아니라는 말입니다. 어떤 정책이든 10년 이상 지속해야 성과도 제대로 나타나고 사회도 변화할 수 있을 텐데 현재의 대통령제에서는 그러한 성과나 변화를 기대하기가 어렵습니다. 그러다 보니 현재 한국 사회의 여러 문제가 해결되지 않고 고착화되는 게 아닐까요?

국회의원: 말씀하신 문제점은 대통령 중임제를 시행하고 있는 미국 같은 국가에서도 발생하는 현상이고, 다방면으로 제도를 보완한다면 해결될 수 있다고 봅니다. 대통령 단임제가 완벽한 제도라고 할 수는 없습니다. 하지만 모든 것이 완벽하게 갖추어진 제도가 세상에 존재할 수 있을까요? 저는 정치적 격변기를 거치면서 한국 정치 상황에 맞춰 어렵게 정착시킨 정부 형태를 바꾸려 하기보다는 현재의 정부 형태 속에서 최선의 결과를 얻어 내기 위해 노력하는 게 더 중요하다고 생각합니다.

사회자: 네, 오늘 두 분의 말씀을 들으면서 저뿐만 아니라 시청자 여러분께서도 대통령 5년 단임제와 4년 중임제의 장단점을 분명하게 이해하셨을 것 같습니다. 박 의원님이 말씀하신 것처럼 세상에 완벽한 제도란 존재하기 어렵겠지요. 따라서 우리는 어떤 한 제도를 시행했을 때 얻을 수 있는 효과와 부작용을 신중하고 면밀하게 검토하는 자세를 잊지 말아야겠습니다. 오늘 토론은 여기서 마치겠습니다. 고맙습니다.

9과 <2> 평생 교육의 시대

II. 들어 봅시다

[1]

할머니: 지수야, 할머니가 칠순 기념으로 친구들하고 중국 여행을 계획하고 있잖아. 그래서 여행을 가기에 앞서서 중국 역사를 좀 배워 볼까 하는데 좋은 책 좀 알아봐 줄래?

지수: 할머니, 책을 알아볼 수는 있는데요. 더 쉽고 재미있게 공부하실 방법이 있어요. 제가 요즘 자격증 시험 준비 때문에 서울시 평생 학습 포털 사이트라는 곳을 이용하고 있는데 거기에 무료로 들을 수 있는 강좌가 많아요. 중국 역사에 관한 강좌도 있던데 지금 찾아서 한번 같이 들어 보실래요?

할머니: 그런 게 있어? 근데 서울시 사이트인데 우리도 이용할 수 있어?

지수: 네, 서울 시민이 아니라도 누구든지 가능해요. 컴퓨터에서도 할 수 있고 스마트폰 앱도 있는데 컴퓨터가 화면이 커서 할머니께는 더 편하실 거예요. 자, 이렇게 서울시 평생 학습 포털 사이트에 접속한 다음에 회원 가입만 하면 바로 강좌를 들으실 수 있어요. 우선 제 아이디로 로그인해 볼게요. 자, 로그인하면 이렇게 외국어, 자격증, 인문학, 다양한 강좌가 보이시죠? 그럼 듣고 싶은 강좌를 찾아서 맛보기 동영상을 한번 보시고, 마음에 들면 수강 신청을 하시면 돼요. 간단하죠?

할머니: 너무 좋구나. 나도 지금 당장 회원으로 가입하고 해 봐야겠다.

[2~6]

사회자: 모든 게 빠르게 변해 가는 요즘, 배움에는 끝이 없다는 말이 더욱 와닿습니다. 자기 개발과 제2의 인생 설계, 이제 누구에게나 필요한 일상이 되었습니다. 오늘은 서울 시민 대학에 대해서 김병찬 서울 시민 대학 운영팀장님과 한국 대학교 이연옥 교수님을 모시고 말씀 나눠 보겠습니다. 김 팀장님, 우선 서울 시민 대학 소개부터 부탁드립니다.

김 팀장: 네, 서울 시민 대학은 연령과 학력에 관계없이 누구나 참여할 수 있는 평생 학습 기관입니다. 시민에게 인문학적 지성을 쌓을 수 있는 기회를 제공하고 더 나아가 성숙한 시민 사회를 조성하기 위해서 설립된 종합 교양 대학으로 1997년 설립되었습니다.

사회자: 시민을 위한 종합 교양 대학이라는 말씀이군요. 교수님, 시민 대학이 설립된 배경에 대해서 좀 더 청해 듣고 싶은데요.

이 교수: 서울시에서 시민 대학을 운영하게 된 계기는 시대의 변화와 이에 따른 사회적 인식의 변화 때문입니다. 한국은 2000년에 고령 인구 비중이 7% 이상인 '고령화 사회'로 진입했고, 2018년에는 고령 인구 비중이 14% 이상인 '고령 사회'로 들어섰습니다. 이른바 100세 시대가 된 것이죠. 이렇게 인생을 두 번 이상 새로 시작해야 하는 상황이 되면서 평생 교육에 대한 시민들의 요구가 생겼고 자연스럽게 커졌습니다. 그리고 시민 대학은 현행 학교 교육의 문제와도 관계가 있습니다. 한국의 교육열은 세계적으로 유명한데요. 이러한 교육열의 영향으로 학생들의 기초 학력은 높아졌지만 학교 교육을 받는 동안 배움에 대한 즐거움은 잃게 된 경우가 많습니다. 게다가 학교에서 배우는 내용이 급격한 시대 변화에 부응하지 못한다는 한계도 있고요. 이러한 문제를 들여다보면서 배움 자체에 대한 본질적인 변화를 꾀하는 과정에서 시민 대학이 탄생했습니다.

사회자: 고령화 사회가 됐기 때문에 언제든지 배울 수 있는 공교육 기관은 꼭 필요해 보입니다. 김 팀장님, 서울 시민 대학에서는 어떻게 강의가 이루어지고 있습니까?

김 팀장: 시민들은 학습자 등록을 하신 후에 강의를 수강할 수 있는데요. 주 1회 두 시간 기준으로 열 시간, 스무 시간, 서른 시간 과정이 있습니다. 그리고 시민 대학 캠퍼스는 본부를 중심으로 서울 각지에 퍼져 있는 권역별 학습장과 대학 연계 시민 대학, 그리고 온라인 시민 대학으로 구성되어 있습니다. 시민학, 서울학, 미래학, 인문학, 생활 환경학, 사회 경제학, 문화 예술학, 이렇게 일곱 개 학과가 현재 운영 중입니다.

사회자: 저는 온라인으로만 수업이 이루어진다고 생각했는데 다양한 환경에서 배움이 이루어지는군요. 교수님, 실제 수업 분위기는 어떻습니까?

이 교수: 시민 대학은 학습자들의 연령층이 다양하고 경험이 풍부하기 때문에 그러한 경험을 나누는 과정에서 살아 있는 수업 분위기가 만들어집니다. 그리고 수업 후에 후속 모임도 많이 가지시는데 우리 사회에서 종종 부정적인 의미로 사용되는 학연이 아니라 진짜 배움의 인연을 만들어 가는 모습을 보면서 진정으로 대학답다고 느낄 때가 많습니다.

사회자: 대학다운 대학이라니 저도 가서 수업에 참여해 보고 싶습니다. 그런데 이미 백화점이나 대학 부설 평생교육원 등에 다양한 평생 교육 프로그램이 있는데요. 그것들과는 어떠한 차별성이 있나요?

김 팀장: 일단은 학습자들이 의무라든가 책임을 느낄 수 있도록 엄정하게 학사 관리를 합니다. 전문 자격증이 있는 학습 매니저가 현장에서 출결 관리도 하고, 원활한 교육이 이루어지도록 도움도 드립니다. 또 '명예 시민 학위'를 수여해서 학습 동기 부여에도 신경을 쓰고 있습니다.

그리고 가장 큰 차별성은 시민 대학의 운영 목적에 있습니다. 앞서 소개드리면서도 말씀드렸듯이 시민 대학은 개인적, 인문적 성찰뿐만이 아니라 공동체를 생각하는 성숙한 시민 의식을 기르는 것을 목적으로 하고 있습니다. 시민 대학에서 만나고, 배우고, 성장하고, 나누고, 보람을 느끼는 과정을 통해서 시민들이 공동체의 일원으로서 주인 의식을 가지게 되고 성숙한 시민 사회를 조성하는 데에 주역이 되기를 바라는 그 취지가 가장 다른 점이죠.

사회자: 말씀을 듣고 보니 시민 대학이라는 명칭에 담긴 의미가 정확히 이해가 됩니다. 앞으로 많은 시민들이 참여하는 대학으로 더욱 성장하기를 바라면서, 이 시간을 마치겠습니다. 감사합니다.

10과 <2> 유교의 나라 조선

II. 들어 봅시다

[1]

학생: 교수님, 안녕하세요? 역사학과 1학년 김하늘입니다. 다름이 아니라 오늘 강의 시간에 교수님께서 말씀하신 조선과 유교 문화에 대한 설명을 듣고 좀 여쭤보고 싶은 것이 있어서 이렇게 찾아뵙게 되었습니다.

교수: 그래요? 앉으세요. 그래, 어떤 점이 궁금했나요?

학생: 오늘 수업 중에 교수님께서 지금과 달리 조선 시대에는 유교적 가치관에 따라 남성과 여성에게 요구된 역할이 달랐다고 하셨는데요. 강의 중에는 집안일과 바깥일로 그것을 구분해 주셨는데, 사실 그러한 구분이 근대 사회의 문화와 크게 다르지 않다고 느껴져서요. 다른 영역에서 좀 더 구체적으로는 어떤 차이가 있었는지 알고 싶은데 제가 참고할 자료가 있을까요? 시간이 괜찮으시면 지금 간단하게 말씀해 주셔도 좋고요.

교수: 오늘 수업을 굉장히 열심히 들었군요. 유교적 관점에서 여성과 남성에게 요구되는 역할에는 분명한 차이가 있었습니다. 구체적인 예를 듣고 싶다고 했으니 그럼 생산 활동을 중심으로 이야기해 볼까요? 조선 사회 역시 사회를 돌아가게 하기 위해서는 의식주 해결과 관련된 생산 활동이 필요했어요. 이때 조선은 국가적으로 남성과 여성이 사회를 위해 담당해야 하는 일을 나누어서 생각했는

데 남성의 일로는 농업이, 여성의 일로는 옷감을 짜는 길쌈이 있었습니다. 이것이 얼마나 중요했고, 또한 분명하게 나뉘었는가 하면 왕과 왕비가 나서서 모범을 보이기도 할 정도였지요. 왕은 '친경례'라는 이름의 행사를 통해서 백성 앞에서 농사를 짓는 모범을 보였고요, 왕비의 경우는 '친잠례'라는 이름의 행사를 통해서 직접 누에를 기르는 모범을 보였습니다.

학생: 그랬군요. 저는 그동안 조선을 농경 사회라고 생각해서 남녀 할 것 없이 모두가 농사에 집중했을 거라고 생각했는데 성별에 따라 중요시된 생산 활동이 달랐다는 건 처음 알게 되었습니다. 감사합니다.

교수: 수업을 통해 얻은 것이 있다니 저도 기분이 좋군요. 다음 수업 시간에 더 자세한 이야기를 같이 해 봅시다.

[2~6]

교수: 이번 시간에는 조선 시대 여성의 삶에 대해서 이야기해 보겠습니다. 유교를 기반으로 했던 조선에서는 남성과 여성에게 요구된 역할이 분명히 나뉘었습니다. 먼저 기록이 많이 남아 있는 양반을 중심으로 살펴봅시다. 남성에게는 학문에 힘써서 벼슬을 얻고 가문을 빛내는 것이 중요한 덕목으로 요구되었는데, 이러한 것은 가정 밖의 영역에서 일어나는 일과 관련됩니다. 이와 달리 여성에게는 남성이 학문에 집중할 수 있도록 가정을 돌보고 남성의 학업을 지원하는 역할이 요구되었고, 그 일은 대부분 가정 안의 영역에 한정되었습니다. 성에 따른 역할 차이는 조선 시대 초기부터 후기까지 전반적으로 동일하게 나타났습니다. 하지만 실제적인 여성의 삶과 가족 내에서 차지한 지위는 시기에 따라 조금씩 다르게 나타납니다.

조선 초기까지만 해도 딸은 아들과 비슷한 수준으로 부모의 재산을 물려받았습니다. 더불어 조선 시대에 대한 지금 우리의 통념과는 달리 딸이 죽은 부모의 제사를 지내기도 하고 제사를 모시는 딸에게 재산을 더 남겨 준 기록도 남아 있습니다. 재산 상속과 관련된 이러한 기록들은 조선 초기 가정 내에서 딸과 아들이 비교적 비슷한 지위였음을 보여 줍니다. 그 때문인지 조선 초기에는 가난한 양반집의 머리가 명석한 남성이 부유한 양반집 여성을 만나서 결혼을 한 후 처가에 살면서 장인의 지위를 물려받는 경우도 종종 있었습니다. 이를 '처가살이'라고 하는데 이러한 처가살이는 조선 중기까지도 흔한 일이었습니다. 유교는 결혼을 하면 여성이 남성의 집으로 가야 한다고 가르쳤지만 실제로 조선 초기에는 그러한 관습이 엄격하게 지켜지지는 않았던 것입니다. 오만 원권의 모델인 신사임당도 결혼한 후 남편의 집으로 가지 않고 20년이나 강릉의 부모 집에서 살았다는 것은 잘 알려진 사실입니다.

하지만 점차 유교가 자리를 잡고 사회가 변화하면서 한정된 재산으로 자신들의 특권을 유지해야 했던 양반 계층은 가문의 발전을 위해서 맏아들에게 특별한 권한을 물려줘야 할 필요성을 느끼게 됩니다. 즉, 여러 자녀에게 똑같이 재산을 나눠 주는 것이 아니라 가문을 대표할 수 있는 맏아들에게 더 많은 재산을 물려주기로 한 겁니다. 가정 내에서 특별한 권한과 지위를 가지게 된 맏아들은 부모를 봉양하고 제사를 모셨으며, 가정의 중심이 돼서 가정을 경영했습니다. 이로 인해 여성들은 점차 가정 내에서 딸로서 누리던 지위를 잃게 됩니다. 또한 조선 초기와 달리 딸이 결혼을 하면 남편의 집으로 시집을 가면서, 부모 집에 남는 남자 형제와 달리 딸은 가정 내에서 그 지위가 더욱 낮아지게 됩니다. 시집간 딸이 받게 된 재산은 모두 시댁의 것이 되었기 때문에 딸은 아들보다 훨씬 적은 몫의 유산을 받거나 혹은 유산을 주장할 수 없는 위치가 되곤 했습니다. 시집간 딸은 가족이 아니라 남이라는 '출가외인'이라는 말이 등장한 것도 이 무렵이 아닐까 싶습니다. 이처럼 여성의 지위는 조선 사회의 발달과 함께 급격히 변화합니다.

사회의 변화 속에서 여성은 딸의 지위를 잃게 된 대신 며느리라는 새로운 지위를 얻게 됩니다. 시어머니, 시아버지, 시집살이, 시금치. '시집'의 '시'자만 들어도 싫다는 농담을 들어 보셨을 겁니다. 그런 관점에서 생각하면 딸의 지위 대신 얻게 된 며느리라는 지위가 그다지 좋게 느껴지지는 않는데요. 우리가 예상하는 바와 같이 실제로도 익숙한 부모의 집을 떠나 남편 집에서 살게 된 여성들은 많은 어려움을 겪었습니다. 하지만 여성이 자녀를 낳고 그 자녀가 성장한 후에는 여성이 드디어 한 집안의 어른이 되고 가정 내 크고 작은 일을 결정할 수 있는 권위를 갖게 됩니다. 딸의 지위를 잃고 비록 오랜 시간이 걸리기는 해도 마침내 남편의 가정에서 어른의 권위를 갖게 되는 겁니다.

조선 시대에 가정에서 여성이 자기 지위를 스스로 선택했다고 보기는 어렵습니다. 오히려 사회 변화로 인해 어쩔 수 없었다는 것이 더 옳겠죠. 아마도 이러한 변화 속에서 여성들은 순응하기도 하고 저항하기도 하면서 다양한 모습으로 살아갔을 것입니다. 여성 개개인의 삶이 어떠했나는 여러 문학 작품의 소재가 되었는데 다음 시간에 구체적인 작품을 다루면서 좀 더 심도 있게 알아보도록 하겠습니다.

모범 답안

1-1 한국어의 특징

1. 1) 부부 사이에서 상대편을 높여 이르는 이인칭 대명사
   2) 문어체에서 상대편을 높여 부르는 이인칭 대명사
   3) 맞서 싸울 때 상대편을 낮잡아 이르는 이인칭 대명사
2. ④
3. ④
4. 1) 높임말이
   2) 공손성이
   3) 불특정 다수를
   4) 존중

1-2 말과 글

1. ②
2. ③
3. 1) 새로워야 한다.
   2) 적합해야 한다.
4. ②
5. ①
6. ②

2-1 언론의 영향력

1. 1) 『여론 조작』
   2) 선전 선동 모델
   3) 한국 언론
   4) 뉴스 소비자
2.

1) 언론의 구조	한 기업이 자신들에 대해 비판적인 기사를 게재한 신문에 광고를 싣지 않기로 했다.
2) 광고	정부 기관 직원에게서 들은 정부 정책 정보를 뉴스 기사로 내보냈다.
3) 뉴스의 정보원	한 기업은 방송사가 자신들의 잘못에 대해 과장된 뉴스를 보도한 것에 대해 고소했다.
4) 외부 압력	거대 기업이 소유한 언론사가 기사를 선별하면 지방 언론은 그대로 싣는다.

3. ①
4. ①, ④

2-2 대중 매체와 표현의 자유

1. ③
2. 1) 약자나
   2) 혐오
   3) 표현의 자유와
   4) 규제
3.

1) 박영수	혐오 표현을 규제해서 약자와 소수자의 권리를 지켜야 한다.
2) 김민정	작가에게 표현과 창작의 자유를 보장해 주는 것이 중요하다.
3) 이준하	웹툰을 게재한 플랫폼이 공동의 책임을 져야 한다.

4. ③
5. ④
6. 1) 창작자
   2) 시민 단체
   3) 플랫폼
   4) 지침을

◆ 복습 (1~2과)

1. ②
2. ②
3. 정의와 진실을 추구하고 권력의 부패를 감시하는 것

3-1 법과 질서

1. 1) 사법부
   2) 판사가
   3) 인공 지능 판사
   4) 편향성
   5) 윤리성
   6) 인공 지능 도입
2. ①
3. ④
4. 1) 임산부와 장애인에 대한 혐오 발언
   2) 에스엔에스의 비공개 대화 무단 사용
   3) 개인 정보의 무단 수집과 무단 유출

3-2 시민의 역할

1. ④
2. ③
3. 1) 마을 전체 주민을
   2) 16세부터 25세까지 청소년과 청년
   3) 활력 소모임, 활기 강좌
4. ③
5. 1) 기후 위기
   2) 인권
   3) 공유 경제
6. ④

4-1 한국의 군 복무 제도

1. ②
2. ④
3. ④

4. 1) 줄여야
   2) 반대한다.
   3) 유지해야
   4) 찬성한다.
5. ③
6. ②

4-2 복지와 개인의 삶

1. 1) 정의
   2) 정의로운 분배와
   3) 자연적
   4) 인공적
2. ③
3. ③
4. 1) 공동 부를(공동의 부를)
   2) 분배 방식
5. ①

◆ 복습 (3~4과)

1. ③
2. 생략

5-1 성공의 의미

1. ①
2. ②
3. 1) 결과에
   2) 무결점을
   3) 훌륭한 성과를
   4) 성공 강박
4. ③
5. ②
6. 스스로 통제할 수 있는 선에서만 완벽을 추구하는 것이 좋다.

5-2 진로와 꿈

1. ④
2.

1) 전문 간병인	요양 시설의 증가
2) 수의사	검역 업무의 증가
3) 변리사	지식 재산권 중요도 상승
4) 네트워크 시스템 개발자	인터넷과 타 산업의 융합

3. ②
4. 기술 혁신, 인구 구조, 사회·문화적 환경, 정부 정책과 제도의 상호 작용

6-1 기업 활동

1.

1) 첫 번째 단락	마케팅의 정의와 변화
2) 두 번째 단락	소비자 환경의 변화와 마케팅
3) 세 번째 단락	뉴 마케팅 시대 소비자와 기업의 역할
4) 네 번째 단락	시장의 주체가 된 소비자
5) 다섯 번째 단락	뉴 마케팅 시대에 기업이 갖춰야 할 역량
6) 여섯 번째 단락	새로운 마케팅 전략
7) 일곱 번째 단락	신구 마케팅 전략의 비교
8) 여덟 번째 단락	앞으로 기업이 해야 할 노력

2. 1) 기업
   2) 고객
   3) 비용
   4) 소통
3. ③
4. ④

6-2 기업의 사회 공헌

1. ④
2. 기업의 사회적 책임
3. 1) 법적, 윤리적, 경제적
   2) 배임 행위가
   3) 사회적 가치를
   4) 경쟁력을
   5) 정부
4. ③
5. ②
6. 1) 일자리
   2) 세금

◆ 복습 (5~6과)

1. 자신에 대한 통찰력을 가져야 하고, 자신의 인생 목표를 분명하게 정해야 한다. 그리고 자신감과 긍정적인 사고방식을 가져야 하며 열정적인 태도를 가져야 한다.
2. 생략

7-1 투자와 창업

1. ②
2. ④

3. 1) ④ 2) ⑤ 3) ① 4) ③ 5) ②

4.

1) 도입기	요즘 동전 노래방이 크게 유행해서 거리 곳곳에서 볼 수 있다.
2) 성장기	일부 가게에서 팔던 특이한 빵이 에스엔에스를 통해 입소문이 나기 시작했다.
3) 성숙기	외국에서 유행하고 있는 패션 아이템이 처음 국내에 들어왔다.
4) 쇠퇴기	예전에는 과일 빙수 가게가 여기 저기 있었는데 인기가 떨어지면서 요즘 가게 수가 줄었다.

5. ①
6. 1) 아이디어를
   2) 제품으로 구현하는

7-2 국내외 경제 전망

1. ④
2. ②
3. 1) 인구 구조 고령화
   2) 생산성 증가율 둔화
4. ①, ③

8-1 선거와 투표

1. 1) 제비뽑기를
   2) 여성과 노예
   3) 1인 1표제를
   4) 선거권을
   5) 시민
   6) 보통 선거
   7) 스마트폰
2. ③
3. 1) 최대한 많은 수의 시민을 정치에 참여시켜서
   2) 평등의 원칙을
4. ②

8-2 한국의 정치 제도

1. ②
2. 1) 대통령 5년 단임제를
   2) 4년 중임제로
3. 1) ② 2) ④ 3) ① 4) ③
4. ①
5. ③
6. ②

◆ 복습 (7~8과)

1. 부모의 훈육 방식, 뇌 구조
2. 생략

9-1 대학 교육

1.

1) 첫 번째 단락	대학 교육의 혁신 방향
2) 두 번째 단락	교양 교육의 변화 방향
3) 세 번째 단락	전통적 인문 교양 교육의 중요성
4) 네 번째 단락	4차 산업 혁명 시대와 대학의 역할
5) 다섯 번째 단락	미래 인재의 세 가지 능력과 그 특징
6) 여섯 번째 단락	학생 개인의 요구와 특성에 따른 교육
7) 일곱 번째 단락	평생 교육의 강화와 대학의 새로운 역할
8) 여덟 번째 단락	세계 경제 포럼이 제시한 4차 산업 시대에 필요한 16가지 능력

2. 1) 다양성
   2) 연결성
   3) 회복력
3. ①
4. 대학을 졸업한 인재들이 평생 교육을 통해 변화하는 산업 환경에 필요한 새로운 업무 역량을 키울 수 있어야 하기 때문에

9-2 평생 교육의 시대

1. ②
2. ④
3. 1) 100세
   2) 평생 교육
   3) 학력은
   4) 즐거움
   5) 내용
   6) 배움
4. ①
5. ②
6. 수업 분위기가 살아 있고 학습자들이 진짜 배움의 인연을 만들어 가기 때문에

10-1 지명과 유래

1. 1) 지리적
   2) 위치적
   3) 환경적 특징을
   4) 역사적인 사건이나
   5) 이야기로
2. ②
3. 1) (우이동에 있는) 삼각산 봉우리 모습이 소의 귀(牛耳)와 닮아서

2) 다른 지역보다 밤나무가 많은 고개여서

4. ③

10-2 유교의 나라 조선

1. ④

2. 1) 조선 시대 여성들
2) 지위

3. 1) 제사를
2) 처가살이
3) 특권을
4) 남편
5) 딸
6) 며느리

4. ③

5. ③

6. ③

◆ 복습 (9~10과)

1. ④

2. 생략

색인

어휘 색인

ㅇ

참고 자료

과/항	구분	상세 사항
1과 1항	출처	신지영, 『언어의 높이뛰기』, 인플루엔셜, 2021 (일부 재구성)
1과 2항	출처	연세대 런어스LearnUs[책갈피] 1-2화: 창의적 생각의 발견, 글쓰기 with 정희모 교수님 〉Play list https://www.learnus.org/local/ubonline/open_view.php?id=92 (일부 재구성)
2과 1항	출처	임미지, "우리 시대의 프로파간다를 찾아서", 연세춘추, 2011.10.08 (일부 재구성) http://chunchu.yonsei.ac.kr/news/articleView.html?idxno=17017
2과 2항	출처	변지후 · 이연수, "혐오 없는 표현의 자유, 가능할까요?", 연세춘추, 2020.10.31 (일부 재구성) http://chunchu.yonsei.ac.kr/news/articleView.html?idxno=27135
3과 1항	참고 자료	최희주, 「국민은 공정 원하는데…법조계가 AI 판사 원하는 진짜 속내」, 『일요신문』, 2022.1.21. https://ilyo.co.kr/?ac=article_view&entry_id=421348
3과 2항	출처	동대문구마을자치센터, 마을공동체 교육 영상, 2020. 6. 18. (일부 재구성) https://www.youtube.com/watch?v=b3oxzXLVjfQ
3과 2항	출처	서울시 마을공동체종합지원센터, 2021 서울 마을주간 기획포럼 , 「로컬랩 동네 발전소」, 2021. 10. 13.(일부 재구성) https://www.youtube.com/watch?v=rhVxDwMXYsU (일부 재구성)
4과 1항	참고 자료	YTN [항출새] "여성징병제, 군가산점제 부활, 모병제에 대한 찬반 토론", 2021.04.23.
3~4과 복습	출처	서울 시민청
4과 2항	출처	금민, 「공동의 부와 기본소득」, 『월간 공공정책』184, 한국자치학회, 2021.2. 11-13 (일부 재구성)
5과 1항	출처	이동귀 외, 『네 명의 완벽주의자』, 흐름출판, 2021 (일부 재구성)
5과 2항	출처	고용노동부, 「향후 10년 간 일자리 전망 밝은 직업은?」(보도 자료), 2019. 4. 26 (일부 재구성) http://www.moel.go.kr/news/enews/report/enewsView.do?news_seq=9835
6과 1항	출처	김대환, 『하버드 박사의 경제학 블로그』, 살림, 2007 (일부 재구성)
7과 1항	출처	창업에듀 개별 강좌, "나에게 꼭 맞는 사업 아이템 탐색하기"(일부 재구성) https://www.k-startup.go.kr/edu/home/lecture/LTYPE_004/CONT_0000001163/detail
7과 2항	출처	KDI 한국개발연구원, "2020년 경제전망, 혼돈의 카오스...KDI 전망 실장에게 물어봤다", 2019.12.13. (일부 재구성) https://m.post.naver.com/viewer/postView.naver?volumeNo=27070830&memberNo=29160981
8과 1항	출처	연세대학교 철학과 조대호 교수, 〈아테네의 제비뽑기 기계〉
9과 1항	출처	허준, 『대학의 과거와 미래』, 연세대출판문화원, 2020 (일부 재구성)
9과 2항	출처	서울시민대학, 서울특별시, 서울시평생학습포털
10과 1항	참고 자료	유춘동 외1, 『서울의 지명 유래와 옛이야기』, 보고사, 2015
10과 2항	참고 자료	김경미, 「조선후기 여성의 노동과 경제활동; 18~19세기 양반여성을 중심으로」, 『한국여성학』28(4), 한국여성학회, 2012.12, 85-117